意志力销售法
实现持续高成交的销售法则

杨朝福 著

台海出版社

前 言

在日常生活中，销售是最常见的一种职业，几乎在各行各业都会找到销售的影子，而且销售是社会资源流动的一个重要环节，是整个社会贸易中的主体。如果没有销售，那么任何一个行业都会陷入停滞和瘫痪状态。菜农、粮农出售农产品是销售行为，科技公司卖电子产品也是销售行为；推销员推销化妆品是销售行为，保险公司卖保险也是销售行为。可以说，销售几乎无处不在。但许多人对于销售工作或许并不了解，他们并不清楚销售在整个社会运作体系中扮演的角色和发挥的作用。

比如，提到销售工作时，人们通常会产生两个常见的误区，第一个就是销售的门槛。在谈到销售的时候，许多人会形成一个惯性思维，认为销售的工作谁都可以做，认为销售是一个门槛很低的职业，只要经过几天培训，或者连培训也不用就可以直接上岗。这样的想法在无形中拉低了销售的职业层次。

当大家都这样去想的时候，销售就成了一个被人看不起的工作。在一般情况下，销售员有求于客户，因此会在工作中占据被动位置。而且对于销售员来说，公司往往会提出各种销售要求，会制订各种目标。当他们意识到自己并不被顾客、老板、社会上的人重视甚至误解的时候，就可能会产生消极心理，他们希望尽快摆脱这份让人难堪的工作，这也是为什么销售工作是跳槽率最高的职业。

第二个误区就是销售很容易获得成功，这一点和第一点有些相悖，但多数人之所以愿意从事销售工作，就在于他们相信销售容易获得成功。很多管理者都会给销售员灌输这样的意识：大部分CEO都是从干销售开始的，类似于宗庆后、李嘉诚之类的人也曾干过销售，事实上也确实如此。尽管未必人人都能成为宗庆后、李嘉诚，可是只要成为优秀的销售员，就能实现财务自由等人生的理想。但也唯有那些意志力强大的人才能成为优秀的销售员，也只有那些最具意志力的人才有机会站到最高的位置上。

销售是一个看起来简单但压力很大的工作，唯有意志力强大的人才能够在这个岗位上做到极致，太多人都因为不堪压力而放弃。在一个团队中，那些销售精英的工作量可能非常惊人，他们的工作压力也是一般人无法承受的。

这两个误区使得很多人经常想要通过做销售来解决自己

的生活危机，并提升成功的机会，可是往往当他们尝试一段时间之后又会放弃，因为销售工作的工作量和压力都很大，很多人根本难以承受。而这个时候，只有那些最具意志力的人才能在行业中生存下去，只有那些内心最强大的人才能维持一个比较稳定的工作状态。

现代销售已由单纯的叫卖式广告转化为推广品牌文化、塑造品牌形象的整合销售传播，但无论如何转化，本质都是一样的，目标也不会有任何改变，还是为了将产品介绍并卖给客户，任何形式上的营销或者销售都是为这个目的服务的。加上客户有自主选择的权利，他们可以拒绝任何一家公司提供的产品，也有权做出最适合自己的选择。这种自主性和主动性使得销售员和商家承受了巨大的工作压力，他们必须想办法尽快赢得客户的认可，并成功销售自己的产品，这时候他们需要在新的销售形式中融入更多的意志力。

销售是一项需要发挥个人影响力和意志力的工作。作为一项释放个人影响力或者品牌影响力的输出型活动，销售通常更加注重个人的发挥，而在提升个人影响力方面，意志力不可或缺。意志力不足的销售员往往容易失去主见，遇事犹豫不决，缺乏独立判断和分析的能力，缺乏坚持到底的耐力和毅力，缺乏坚持自我的勇气和信心。意志力不足的销售员往往没有强大的心理来支撑自己的销售活动，缺乏强大的影响力来威慑和引导客户，也没有足够的能力来对抗自己所承受的巨大压力，而且很容易在谈判和交易中陷入被动局面。

人们意识到想要成功出售产品，想要成功开发更多的客户，想要让自己的产品成为市场上的抢手货，就要在销售方面下苦功夫，就要做好各种准备，并确保自己能够更加合理地解决相关的问题。从某种意义上来说，销售员之间的竞争，销售员和客户之间的交易，到了最后往往比拼的就是意志力，谁的意志力更加强大，谁就更有可能打开销路，谁就更有可能在市场上生存下去。也许销售员和商家更应该记住这样一句话："大机会时代，一定要有战略耐性。"

本书深入分析了在销售活动中意志力所起的作用，将意志力对销售活动的各方面影响进行了罗列，同时也谈到了如何保持意志力的方法。这些方法能够有效提升个人在销售活动中的主动性和积极性，有效提升企业在销售活动中的策略。

书中对意志力销售进行了详细的解释，并且通过多个方面进行深入浅出的分析，努力将相关的概念解释清楚，并被读者熟悉。为了确保概念被消化，还特意列举了大量现实的案例，同时也找到了一些有趣的销售理论作为辅助性的资料，以便更直观地展示相关内容。

目录 Contents

第一章 无处不在的意志力和销售

意志力比想象中的更加重要,它代表了一种执着、一种立场、一种信仰,也代表了个人对市场竞争最基本的态度,从某些方面来说,意志力正在取代技巧和硬实力,成为销售能力的重要基础。

销售时代,我们到底缺乏什么 …………………… 003
不可不知的意志力 …………………………………… 008
意志力挣扎:马与骑手的拉锯战 …………………… 013
意志力就是最强的销售能力 ………………………… 018

第二章 意志力就是一种真实的销售信仰

优秀的销售员在自我说服中会做得很出色,这是建立自信、培养强大意志力的关键,是确保能够不断推进工作的前提。当销售员提升销售技巧和表达技巧时,应该思考这样几个问题:"你对自己的产品有多忠诚,你愿意为自己的服务投入多少精力?"

你对自己的产品和工作有多忠诚 …………………… 027
要相信你的工作是伟大的 …………………………… 033
意志力代表了一种销售原则和立场 ………………… 038
意志力代表了一种强大的健康的销售文化 ………… 044
意志力代表了一种仪式感 …………………………… 049
意志力代表了更加开放的思维 ……………………… 054

第三章　意志力销售就是全方位提升自我

销售员要培养强大的销售能力，不能仅仅考虑销售方法，最根本的是需要提升自己的意志力。而提升意志力，就需要提升自己的全面素质，这样强大的意志力才能有源泉。这就要求一个人自信、谨慎、专注，具有耐力和钝感力。

自信：你觉得自己能够说服对方吗 …………………… 061
谨慎：控制好失误，把握每一个细节 ………………… 065
包容：保持宽容往往就是最好的应对方式 …………… 070
耐力：一个人可以承受多少次失败的打击 …………… 076
专注：做好自己的本职工作 …………………………… 082
钝感力：在困难面前保持强大的定力 ………………… 086

第四章　销售本身就是一种博弈

当双方无法在一开始就达成一致，销售员面临巨大的阻力时，销售员应当适当放慢自己的脚步，采取迂回的策略，更加聪明地寻求说服对方的方法，而不是依靠蛮力和无谓的坚持消耗精力。

意志力并不意味着鲁莽的对抗和盲目的坚持 ………… 093
循序渐进，一步步挖掘顾客需求 ……………………… 098
打好广告，进行病毒式营销 …………………………… 103
适当重复多次，就可能以假乱真 ……………………… 108
先尝试着卖出去一件小东西 …………………………… 114
坚持下去，找到产品销售的一个引爆点 ……………… 119

第五章　生生不息的意志力，以不变应万变

欲速则不达，出色的销售员会将自己的耐性贯穿整个销售活动，尤其是到了交易达成的最后时刻，双方之间的较劲会达到一个非常敏感的状态，稍不注意就可能会失衡。耐心的举动往往可以帮助销售活动平稳地结束，避免在关键时刻丧失主动权。

抓住最大的盈利点 …………………………………… 127
以强大的战略耐性把握未来 ………………………… 132
以工匠精神进行销售，把业务做精做细 …………… 137
在试错中找到最佳产品 ……………………………… 142
越到最后越要保持耐心 ……………………………… 146
意志力销售的前提是精确的思考 …………………… 150

第六章　注意把目光放在客户身上

盯着顾客或者客户，寻找客户群，并不是一个战术部署，而是一个战略性的举动。一个商家或者销售员想要让自己的销售活动更加顺畅，那么从战略规划层面开始，就要立足于客户。

在第一时间积极寻找客户群 ………………………… 157
流量时代，坚持推出好的产品 ……………………… 163
找出消费者身上的共性 ……………………………… 168
比客户熬得更久一些 ………………………………… 173
从服务好第一位顾客开始，然后坚持下去 ………… 178
定期联系客户，强化彼此之间的关系 ……………… 183

第七章 做好目标管理,让目标来引导行动

如果销售员的意志力足够强大,往往就会拥有一个非常坚定的目标,无论开始的销量如何,无论自己遭遇的困难有多大,他都会坚定地按照原来的计划行事,会追求最初设定的目标,而不会轻易做出改变。

坚定自己的工作目标 …………………………………… 191
记得将目标进行切割 …………………………………… 196
严格设定任务清单 ……………………………………… 200
销售工作需要时间的积淀 ……………………………… 204
及时总结并反省销售问题 ……………………………… 208
节制你的意志力 ………………………………………… 213

第八章 锻炼出钢铁般的意志力

在锻炼意志力的时候,销售员可以设定一个时间期限,看看自己可以在挣扎中坚持多长时间。而一旦他们克服了心理障碍,顺利完成了相关任务,就证明他们已经能够有效缓解意志力消耗和意志力不足的问题了。

挑战高难度的销售任务 ………………………………… 221
做自己不喜欢做的事情 ………………………………… 226
努力养成销售工作的好习惯 …………………………… 231
绝望时,提醒自己再坚持 5 分钟 ……………………… 237
给自己设定奖励,激励自己不断进步 ………………… 242
注重能量的摄入和机体的锻炼 ………………………… 247

后记　不要试图去改变客户和消费者 ………………… 252

01

第一章

无处不在的意志力和销售

意志力比想象中的更加重要,它代表了一种执着、一种立场、一种信仰,也代表了个人对市场竞争最基本的态度,从某些方面来说,意志力正在取代技巧和硬实力,成为销售能力的重要基础。

第一章　无处不在的意志力和销售

销售时代，我们到底缺乏什么

谈到销售的时候，很多人都会下意识地认为销售工作比以前更加简单了。如今很多销售员更加注重自身素养的提升，更加注重掌握各种销售技巧和推销方式，他们往往拥有强大的社交能力与销售口才，拥有一套完整的销售理论和非常得体的销售故事。随着互联网技术和信息技术的快速发展，人们还拥有非常先进的销售方式和销售载体，拥有完善的信息网络，通常大家都会说这是一个非常好的销售时代，每一个人都可以将自己的东西推销出去，介绍给更多的人认识，但几乎每一个销售员都在谈论自己的工作如今正变得越来越难做。

在销售理论以及销售体系发展的过程中，人们常常习惯性地将销售分为"销售1.0时代""销售2.0时代""销售3.0

时代",其中"销售1.0时代"侧重于大众营销,整个销售活动是开放式、面对大众的,实行无差别化的销售理念,由于销售人员认为自己的产品会被所有消费者接受,以至于销售的方向并不那么明朗,也缺乏市场划分的重点。

到了"销售2.0时代",销售员开始积极划分市场,对消费者和客户进行合理划分,并对不同层次的消费者实行针对性的销售方法。分众策略的实施实际上明确了市场的层次,毕竟任何一种产品都不可能真正被所有人接受和喜欢,它只适合某一阶层或者某一领域内的人。图书可以划分为老人喜欢的养生学书籍,年轻人喜欢的玄幻系列和言情小说系列,中年人喜欢的管理类,以及儿童喜欢的儿童书籍等。各种产品也可以按照收入划分为奢侈品、贵重商品、一般商品、低价商品等多个层次,每一个层次的划分实际上都对应了市场分众。

"销售3.0时代"也叫"创意营销传播",它的最大特点就在于改变了过去那种单纯追求对消费者进行信息灌输的销售模式,注重通过媒体的创新、内容的创新、传播沟通方式的创新来征服目标受众。

可是随着销售理论的改变、销售模式的改进,人们并没有觉得自己的销售变得更为轻松,虽然整个销售体系会更加牢固，整个销售网络也可以快速铺开，但是信息的干扰、过多的选择、激烈的竞争环境，这些都导致人们在获得技术优势的同时丧失了原本的销售优势。

小A是某公司的销售员，每个月公司都有固定的销售任务，因此，小A不得不想办法把握和拉拢更多的客户流，这里的客户流指的就是那些潜在的购买者。如今，依靠强大的信息技术和社交软件，他可以在第一时间内借助各种网络销售平台和微信之类的社交平台打广告，为此他不得不频繁建群，尽量增加和认识新的受众对象。

对于自己的工作，小A坦言自己处于一种扫描的状态，通过电脑和手机，他每天都要搜索和认识一大批新人，但很多时候，这种认识非常浅，只是一个电话或者一条信息。小A会随机地发送广告，希望引起他人的注意，每次他都会坚持发几次广告，如果没有人回应，就会将注意力放在下一批人身上。这就类似于在街上发广告传单一样，每一个人都是随机的，他追求的是数量，并且认为自己的广告传播范围越广，相应的客户流也就越大。

可是由于缺乏销售深度，他所接触的人常常会将广告内容忘记或者忽略，强大的信息传播工具、广阔的网络以及大量流量，这些并没有给他带来多少客户，他几乎每隔一段时间就要换一批人，而每一批人接触的时间都不长，接触的程度也不深。

从销售方式来分析，小A遭遇的困境带有一定的普遍性，可以说多数销售人员或多或少都面临着这样的问题——在信息技术革新的前提下，人们越来越重视技术、技巧，却忽略了销售的一个重要原则，那就是很多时候坚持比技巧更加重要。

在传统的销售方法中，人与人之间的接触范围不大，接触的机会也相对要少一些，因此提升交易成功率的常用方法就是频繁接触，面对同一个或者同一批客户时，销售员会想方设法多次提到并推销自己的产品，他们会强化这种趋势，直到说服对方。这种频繁接触就需要消耗巨大的能量，而这些正是如今的销售模式中比较缺乏的东西。

比如，很多销售员第一天在城东的步行街上没有卖出去一件产品，那么第二天他可能就放弃了这一片区域，选择城西的街道或者城北的社区。而一些人会选择再次尝试在同一批人面前推销自己的产品，不厌其烦地描述和介绍产品的性能、优势。

在这一方面，或许销售人员应该向安利公司的员工学习。安利公司的销售员或许是世界上最执着的推销员，他

第一章 无处不在的意志力和销售

们会坚持走家串户，亲自上门推销产品，而且人们常常会发现，这些人几乎每天或者每隔一天就会出现在门外，直到某一天住户掏钱为止。尽管很多时候，人们对于安利公司的这种模式感到厌烦，但不得不说，在安利模式下，销售员的工作成果比一般人更为显著。而这就是销售时代所欠缺的一种重要精神，也是销售人员最需要培养的一种精神特质，这种特质就是意志力，这就是销售时代人们最容易忽视的一个要素。

| 意志力销售法

不可不知的意志力

销售员可以通过多种方式来证明自己的能力和价值，但是他们最需要证明的有时候反而是自己对这份工作所投入的信心和决心，看看自己能不能坚持得更久一些，看看自己能否完成更多的任务。他们更加需要表明自己有足够的意志力来应对各种可能存在的困难和危机，有足够的意志力来提升个体的成长空间。

那么什么是意志力呢？对于销售员来说，这种意志力主要体现在什么方面，或者以何种方式呈现出来呢？

关于意志力的定义问题，心理学家弗洛伊德最早提出了一种看法，他认为一个人克制某种冲动（比如性冲动）往往需要耗费大量的能量，这样他就没有更多的能量去做其他事情了。这是一个非常重要的观点，对于意志力的某些重要特

第一章　无处不在的意志力和销售

征有了最初的认识，但是弗洛伊德的问题在于，他并不知道能量从哪里来，如何发挥作用，就像销售员并不清楚为什么有的人在困难面前仍然能表现出强大的能量，有的人在工作中却容易受到挫折的影响而产生消极情绪，容易因为挫折而丧失动力。

按照弗洛伊德相对模糊的说法，意志力和能量消耗有关，但却是一个升华的过程，一个伟大的人会将自己的一些冲动性力量提升为个人的工作动力和灵感，但意志力具体是什么，他并没有说清楚。心理学家罗伊·鲍迈斯特否定了"升华说"，他更加认同意志力消耗是人们对自己的思维、感受和行为的调节能力减弱的过程，于是他在这个理论的基础上提出了"自我损耗"的观点。

不久之后多伦多大学的两个研究者迈克尔·因兹利奇和珍妮弗·古特塞尔借助脑电图法窥探了大脑处理多种多样问题的方式，两个人将焦点放在了名叫前扣带皮层的脑区，该脑区是人体的"冲突监控系统"，时刻注意着"正在做的"和"想要做的"之间是否存在差异，这样的特殊功能使得它成为自我控制的关键。

比如一个销售人员由于工作很忙，可能会一边拿着产品向客户比画，一边吃着汉堡，这个时候，如果销售人员把产品放到嘴里，前扣带皮层就会释放脑电波进行警告，并在脑电图上展示出来。

在对自我损耗进行研究的时候，研究人员进行了一项字体颜色辨认的实验，在实验中，研究人员在屏幕上打印出红色字体的两个字"绿色"，然后让参与实验的人回答字体是什么颜色。如果只是其他随便的两个字，参与实验的人可以很简单地说出字体的颜色是"红色"，可是当"绿色"两个字出现时，就会对个人的回答产生干扰，很多人需要思考一段时间才能做出正确的回答，因为人们必须压抑自己读出"绿色"两个字的冲动以及由此产生的"绿色"的联想，这种压制就是自我消耗的一种形式，也是意志力的一种体现。

从生理学的角度分析，这是大脑前扣带皮层消极怠工的表现，或者说自我损耗引起了前扣带皮层的消极怠工。接下来，心理学家又提出了一个新颖的观点，那就是心理学家达里尔·贝姆提出的"按时做作业"与"穿干净袜子"之间存在负相关的看法。一般来说，人们会认为一个学生如果会按时做作业，那么往往也会勤换袜子，但事实并非如此。他发现很多按时做作业的学生并不喜欢勤换袜子，而那些喜欢穿干净袜子的学生，也很少会按时完成作业，尤其是在考试期间，他们的自我约束力和自律精神都会受到严峻的挑战。因

第一章 无处不在的意志力和销售

为人们会在一些自律行动中产生很大的损耗，因此没有多余的精力去接受其他的约束。

这种自我损耗的现象在生活中非常常见，人们总是需要消耗一些额外的能量做一些抑制性的举动，这也是一种自我调节的能力，或者说就是意志力。作为心理学中的一个概念，意志力主要是指一个人自觉地确定自己的行为目的，然后根据这个目的来支配、调节自己即将采取的行动的一项能力。在整个行动过程中，人们需要克服各种挫折和困难，从而精准地实现目的。

有A、B两个销售员，他们分别售卖公司新推出的化妆品，由于公司的品牌影响力非常小，在市场上几乎没有什么反响，加上这些新产品并不被消费者熟知，因此整个销售活动非常困难，两个人连续工作了好几天也没有成果。这个时候，销售员A认为自己已经没有办法卖出更多的产品，在精力、耐心和信心被消耗之后，他决定放弃这个市场，甚至放弃新产品的销售和推广。而销售员B虽然也感受到了工作的压力，尤其是对自己迟迟打不开局面的情况也感到心急，不过相比于销售员A，他的意志力更强一些，并且始终觉得自己可以再多坚持一下，最终他克服了困难，成功地将产品推向市场。

在这里，意志力就有效地对自我损耗做了一个补充，意志力强的人会对个人的不当行为有明确的抑制，对于外在环境的不良刺激会有相应的调节，可以说意志力本身就代表了一种能量消耗，但是这种消耗往往是有益的，有助于帮助人们摆脱各种危机和诱惑的困扰，有助于提升人们在面对困难时的成功率。

意志力挣扎：马与骑手的拉锯战

从销售的角度来说，意志力的作用不可或缺，意志力的有效运用可以为销售活动提供坚实的保障，可以有效提升自己对整个销售过程的控制。对于那些优秀的销售员来说，意志力是一个重要的品质，因此人们需要成熟地运用自己的意志力来完善销售行为，提升销售的效率和效用。

一般情况下，人们会把意志力的运用分为四大类，第一大类是控制思维。这种思维控制在于摒弃其他方面的干扰而保持专注，尤其是当个人的行为动机非常强烈，或者拥有某种强大的执行意愿时，人们更需要保持专注，并且强化某些既定的认知。比如一个销售苹果手机的业务员为了更好地向顾客介绍产品，那么首先他必须说服自己相信iPhone是世界上最出色的手机；一个美食家为了向客户介绍自己的美食值得购买和品尝，首先应该想办法承认自己的手艺独一无二；一些声称可以为顾客推出最佳服务的店家，他们通常会相信自己的服务就是整个行业内最好的。听起来有些令人感到不可思议，但事实就是如此，无论这些介绍是否是有所夸大（当然我不支持对产品夸大宣传，只是描述这一现象），人们都需要先说服自己，控制自己的思维。

第二大类是控制情绪，主要负责控制和调节情绪。对于销售员来说，繁重的业务压力、恶劣的工作环境、处处找碴的客户，以及无时无刻不在的激烈竞争，这些都会影响他们的心情，让他们产生想要放弃的念想。而真正让人担忧的是，情绪似乎总是捉摸不定，人们总是无法对其进行有效控制，这就使得人们经常会被情绪反制和操纵，从而影响自己的销售工作。

不过，人们同样可以运用一些技巧来摆脱负面情绪的困扰，比如很多销售员在面临巨大的工作压力时，不会强迫自己继续待在岗位上，而是会选择去健身房健身，或者去室外慢跑，通过运动来放松心情。也可以躺在沙发上看一些内容相对轻松愉快的书籍，或者听一些轻音乐。一些人还会暂时从工作中脱离出来，做一些自己喜欢且能够做到的事情，以此来建立自信心，并排除烦恼。

第三大类是控制冲动，对于意志力来说，控制冲动是一个最基本的功能，这种控制就是人们所熟知的抵制诱惑的能力，比如对金钱、美色、美食、衣服、奢侈品等诱惑的抗拒。控制冲动的本质并不是对冲动行为进行控制，而是对反应的控制。当销售员意识到自己的工作非常艰苦，而美好的享乐生活则时时诱惑自己放下工作，或者拖延自己的行动时，就需要用意志力来控制一下了。

第四大类是控制表现、绩效、成绩，其主要表现在于将个人的能量集中用于当前的任务，确保执行的速度、力度和准确度，同时督促自己在放弃的念想产生时继续坚持下去。销售员在日常工作中应该重点关注自己在工作中的表现，同时关注自己对思维、情绪的控制，确保自己能够拿出最佳的表现和绩效。

不过这些控制并不容易实现，因为每个人心中都会有一些干扰性的因素出现，或者说每个人的心里都有一些冲动的情感在破坏他的意志力以及理性行为。著名心理学家弗洛伊德提出了一个"马与骑手"的理论，在这个理论中，马代表了人类的冲动和激情，是人类最原始欲望的释放机制，一般归结于潜意识的范畴。马扮演了一个非常冲动的角色，它的行为模式非常原始和直接，充满了激情，但常常也非常鲁荞。它不喜欢委曲求全，只要想到什么就会立即去做，只要决定了要做什么，就会不管不顾。它总是倾向于欲望的满足，倾向于让自己处于一种活跃的状态，但若是遭遇了一些不顺心的事情，马就会产生消极应对的情绪，它常常会阻碍人们的理性思维，并且在一些感到困难的事情面前妥协和退让，或者直接予以放弃，而选择一些让自己感到愉快的事情。正因为如此，马常常是拖延的制造者，也是个人意志力的主要障碍，它不太喜欢人们过多地在一些自己不喜欢去做或者感到困难的事情上消耗过多的能量，这与它"享乐至上"的理念不符，所以它会不断制造一些障碍，不断提醒大脑应该放弃眼前的工作。

比如有个推销员准备摆摊卖出去15件羊毛衫，可是坐了一个上午，也没有人来光顾，这个时候，他的内心可能会出现一个声音："不要摆摊了，反正什么也卖不出去，还不如去喝上一杯呢。或者可以去烤肉店里先尝一尝美食，剩下的工作可以晚点儿去做。"这个声音的背后就是"马"在作祟，它使得销售员在销售工作面临困难的时候选择放弃。

马会做出让自己感到压力最小的选择，而与之相反的就是骑手，他代表了人类大脑中的理性思维，他非常善于进行推理和计划，最重要的工作就是努力确保所有的事情能够按

第一章 无处不在的意志力和销售

照事物的本来规律运行,约束人们做出更加合理的举动。就像上面那个卖羊毛衫的销售员,他最重要的任务就是卖掉产品,因此他会坚定地守住这个目标,并且提醒自己应该保持行动和目标的一致性,他不会任由马出来捣乱,不允许马跳出来做出"拖延"或者"放弃"的决定。

马与骑手之间存在一种"双议程困境",即外在目标和内在目标的冲突。其中,外在目标代表的是骑手的利益,销售员想要完成销售任务,想要实现业绩目标,这些就是外在目标的体现。而内在目标是马的意志,而马的意志主要体现在舒适的、愉悦的、享受的、自由的理念上。趁着空当去喝一杯,或者和其他同事唱歌,又或者换一份工作,这些都是内在目标的体现。

对于马与骑手来说,这种矛盾非常明显。而在销售活动中,马与骑手之间的这种拉锯战经常会出现,如果销售员大脑中的骑手不够坚定和强大,就会被马的行为左右,就会被马的行为带偏。因此人们需要打破这种困局,让意志力得到更好的发挥和运用,保证销售活动有序进行。

意志力就是最强的销售能力

2007年,M公司最初成立的时候,董事长一直都在积极推广自己的销售计划,他的目标很简单,那就是让自己的产品和美国西海岸的羊一样多。所以将近3年的时间里,他一直都在西海岸部署和经营自己的商业版图,并坚持让客户免费试用半年的营销方式。

最初的效果并不明显,这令股东们大失所望,他们没有耐心再等待几年,没有耐心继续为客户提供免费的产品和服务,这与董事会以及公司追求的利益原则相冲突。但是董事长始终坚持自己的看法,对他而言,这是必要的销售铺垫。而在5年之后,M公司占了西海岸73%的市场份额,公司的产品成了市场上最热销的产品。

在市场上,不同的销售方往往会有不同的销售策略和方式,无论是品牌战、价格战,还是其他销售技巧,最终比拼的可能就是意志力,或者说耐力。在一些旗鼓相当的对手之间,销售的能力就体现为意志力的强度。相比于技巧、渠道建设、资源、人员安排、品牌优势,意志力的存在让整个销售活动变得更具生命力,它彻底激活了产品和服务的对外输出属性,并使得这种对外输出具有更为强大的延续性。

马云曾经说过这样一句话:"今天很残酷,明天更残酷,后天很美好,但大部分人'死'在了明天晚上,所以每个人不要放弃今天。"在马云看来,一个企业想要在市场上吸引更多消费者的关注,就要意识到可能存在的困难和危机,就要做好承受危机的思想准备,而最重要的就是想办法坚持得比竞争对手更长久一些,就是想办法让自己的销售活动坚持得更久一些。

2001年和2002年,当互联网寒冬到来的时候,许多互联网企业都进入挣扎状态,营业陷入停滞和退步的状态,整个运营和销售活动都陷入大麻烦之中,很多企业处于负盈利的状态。这个时候,很多团队意识到自己可能没有办法熬过这个寒冬,于是早早退出,而诸如阿里巴巴之类的企业却坚持存活了下来。当时市场上有很多唱衰互联网的腔调,人们觉

‖ 意志力销售法

得互联网企业遭遇了瓶颈，而寒冬也不知道什么时候才会过去，也许这一次危机会直接导致互联网行业崩溃。

在这种状态下，每一个互联网企业都惴惴不安，它们并不清楚自己能否坚持到寒冬过去的那一天，不知道自己能否抵挡住这一次的危机。而阿里巴巴的创始人马云却从来没有将重点放在自己能否熬过寒冬上，而是想办法让自己坚持得比别人更久一些，这就是他的生存之道。自己的产品卖不出去，自己的销量升不上去不要紧，关键要比别人更善于坚守。结果2003年之后，一大批互联网企业倒闭和消失，市场进行了重新洗牌，马云则带领阿里巴巴度过了危机，并且很快就迎来了发展的高速期，业务越做越大。

坚持得比别人更久一些，往往是一个有效的发展策略，这是市场博弈的重要方式，也是一种比较原始的竞争手法，它拼的就是意志力。

在销售领域内的竞争，就是一种意志力的比拼，谁能够在竞争中坚持得更久一些，就越容易把握生存的机会。一些普通的销售员面对客户时可能只跑一次就放弃了，而优秀的销售员可能会连续跑多次；普通的销售员可能会在困难和挫折面前产生退缩的心理，而优秀的销售员更容易将这些挫折当成挑战的一部分。英特尔公司为了说服一个难缠的客户，使用了各种方法，但是对手依然表现得不感兴趣，这个时候别人都劝说他们早点儿放弃，因为这个客户此前也曾这样折腾过高盛公司和谷歌公司，堪称"大企业的克星"，可是英特尔公司的谈判负责人却乐观地说道："你知道吗，我越来越喜欢这个家伙了，我会继续尝试着说服他的。"

销售的本质就是将产品卖给他人，因此出售产品成了最终的目的，但是在如今的市场条件下，各个产品的差距正变得越来越小。以苹果手机为例，在过去十年时间里，它几乎是市场上最受欢迎的手机品牌，而且苹果手机的利润也是所有手机品牌中最高的。考虑到之前每一次新产品发布会的热闹以及消费者通宵达旦排队购买手机的盛况，可以说苹果手机是最不用担心销量的。但是随着各大手机品牌的迎头赶上，苹果手机的品牌优势以及市场优势都在迅速退化，仅以中国市场为例，苹果手机已经跌出三强。如果说十年前比的是品牌优势，那么现在的市场更加看重后劲，更加看重坚持的力度，谁能够坚持得更久，谁的生存机会也就越大。其中三星公司的销售力度与销售耐力都略显不足，几乎已经失去了之前的市场优势。

随着竞争实力的接近，随着竞争优势逐渐被抹平，销售方在竞争中的意志力比拼将会变得越来越重要。从某种意义上来说，"如何咬住市场"成了一个比"如何占领市场"更加急迫的问题，因为在经过市场的洗牌之后，各大公司、各个销售方在市场上的定位和发展已经逐渐清晰，这个时候需要经受时间的考验。

　　华为公司的创始人任正非曾经说过一句话："华为没有成功，只是在发展。"虽然华为如今已经成为市场上最出色的通信设备制造公司，无论是收益、体量，还是技术创新，都已经成为市场领头羊，但是任正非仍旧清醒地意识到这样一个问题：要保持市场份额以及市场的话语权，就需要保持韧性，需要拿出更强大的意志力去应对持续的竞争。而从时间来说，华为本身就是通过三十年的坚持与煎熬，才赢得了如今的地位，才能够在通信设备销售领域领先于思科、爱立信等巨头公司。

　　在一个充满销售元素的环境中，人们每天都会接触各种各样的销售员，卖保险的业务员、超市的售货员、菜市场里的商贩、街边推销产品的摊主、各个学校的招生代理人、股票市场的经纪人、产品供应商等，这些人的职业都和销售有关，当人们处在这样一个环境中时，意志力比想象中的更加重要，它代表了一种执着、一种立场、一种信仰，也代表了个人对市场竞争最基本的态度，从某些方面来说，意志力正在取代技巧和硬实力，成为销售能力的重要证明。

第二章

意志力就是一种真实的销售信仰

优秀的销售员在自我说服中会做得很出色,这是建立自信、培养强大意志力的关键,是确保能够不断推进工作的前提。当销售员提升销售技巧和表达技巧时,应该思考这样几个问题:"你对自己的产品有多忠诚,你愿意为自己的服务投入多少精力?"

你对自己的产品和工作有多忠诚

随着社会的发展，商品越来越丰富，人们渐渐进入一个产品的"红海时代"，在这个时代，人们的需求得到了前所未有的满足，但随着产品同质化越来越严重，企业的运营和销售团队往往需要筑起高墙，争取留下更多的用户，其中销售员应该重视对用户忠诚度进行管理。从某种意义上来说，培养客户对产品的忠诚度远远要比拉拢新客户重要，忠诚度意味着消费习惯、消费链的形成以及消费模式的强化，它带来的是整个产品价值的提升和影响力的传播。

但提升客户对产品的忠诚度，并不是简单地提升产品质量和服务，并不是简单地致力于如何改善销售方和消费方的关系，销售的一方更应该对自己的产品产生忠诚度，只有对自己的产品有信心，只有对自己的产品更加忠诚，人们才愿意拿出全部的能量来推销自己的产品，才愿意表现出强大的销售意愿和销售动力，更重要的是人们才有更为强大的说服力来影响他人的购买情绪。

有个电器销售员经常会参加一些小区的活动，并且邀请邻居来家中做客，而他的目的就是在活动或者聚会上推销公司的电器。作为一个资深的推销员，他才思敏捷，工作经验丰富，而且对于人际关系的掌握恰到好处。可即便如此，小区里很少有人愿意购买他的产品，这让他感到非常困惑，实际上公司的品牌价值并不小，质量和服务都有很大的保障，他并不清楚大家为什么会拒绝自己。

直到有一天，有个朋友道出了实情："大家经常去你家里做客和交谈，虽然彼此的关系非常好，但几乎所有人都注意到了一个细节，那就是你家里的多数电器都不是你公司里的产品，而是其他品牌。这就给人带来一种感觉，既然连销售者都不相信、都不使用自己公司的产品，那么别人凭什么相信这些产品值得信赖呢？"销售员听后羞愧不已。

对自己的产品和服务有充分的信心，这往往才是最好的销售方式，但很多销售员并未意识到这一点，他们更加倾向于去说服别人，更倾向于释放自己的情感攻势和销售技巧。在谈到销售的意志力时，人们应该立足于"我对自己的产品有信心""我的产品是最出色的,因此我觉得其他人也能够感受和认同这一点",人们需要强化意志力的作用,而这就需要保证自己的销售行为以及现公司的产品是被自己认同的。

很多韩国的企业家要求内部员工必须使用自家的产品,要求内部员工必须对自己的产品产生兴趣,比如三星公司的员工只能使用三星手机,现代公司的员工应该对现代汽车产生好感和忠诚度。在国内,华为公司虽然没有这样的要求,但是多数华为人都坚持使用华为手机,至少在上班期间是这样。

许多人会将这些管理现象归结为内部的"严格控制",但很少有人会想到这其实是最基本的文化现象,换句话说,每一家公司的员工必须在说服客户之前先说服自己使用本公司的产品,必须先充分使用和体验自家的产品,拿出绝对的热忱和忠诚,这样才能真诚地打动客户。

对于销售人员来说,他们的忠诚度不仅仅需要培养,还需要得到强化,因此自我说服是非常重要的一步,而自我说服的前提就是意识到这份工作对自己的重要性。在培养个人的职业忠诚度时,通常存在几个必要的因素,比如这件事情是自己感兴趣的,这件事情能够给自己带来巨大的收益,这件事情会让自己变得与众不同，或者这件事情能给予自己某种强烈的责任感。

　　一般来说，销售员往往要给予自己一些强化性的认识，诸如这些产品融入了自己的心血，这些产品是个人智慧的结晶，这些产品让自己感受到了工作的快乐和魅力。有的产品制造者会在朋友圈里售卖自己的产品，在整个售卖过程中，他们会对自己的产品充满信心，并且认为这些产品融入了自己的心血和智慧。乔布斯就是这类人，他在每一次新产品发布会上都会做好充分的准备，并且表现得非常自信和乐观，他给人的感觉就是"我的产品无可挑剔"，他甚至总是想着该如何让自己用起来更加顺手，并且试图将这种便捷和出色的操控体验让客户感知到。

　　埃隆·马斯克也是这类人，如果对他出售特斯拉汽车的态度进行分析，就明白他在工作中扮演的角色，以及他对这种角色的绝对投入。即便这些销售工作富有争议，他仍旧是一个对自己的产品负责和自信的人。尽管他的汽车生产能力一直备受质疑，但是马斯克始终想着如何生产出性能最佳的汽车发动机。当客户在展销会上试图向他发难的时候，他双手举起了汽车的小引擎，意在向所有人证明自己对产品的忠诚度和无可比拟的责任心，他会带领团队生产出最好的

第二章 意志力就是一种真实的销售信仰

产品。

除了汽车之外，他还对航空航天火箭产生了浓厚的兴趣，对他来说，所有的设计和产品都是值得为之付出的，他还寻找那些对工作最认真也最认同的员工，就连SpaceX工厂里面开的咖啡厅的员工，也是他走遍整个洛杉矶咖啡店，找来的卖咖啡卖得最好的人，对他来说最佳并不仅仅意味着服务的品质，更意味着他们对自己工作的认同度最高。

也有一些销售员的职业忠诚度建立在个人成就感的获得上，这件事情让自己产生了存在感和成就感，让自己感受到了自身的价值和荣耀，因此就值得坚持做下去。许多销售员并不觉得自己的销售行为就是简单的一份工作，他们更觉得这是一份荣耀，是实现自我价值的最佳载体，正因为如此，在很多时候，他们更加愿意表现出十足的动力和韧性。

在保险行业中，许多业务员都会进行思想培训，直到他们意识到自己工作的神圣性，直到他们认为自己正在做一个能够创造巨大的社会价值和个人价值的事情。这就不难理解，为什么很多保险推销员总是锲而不舍地推广自己的产品和服务，并且从一开始就认定自己的工作非常有价值，认定自己所做的一切都是在为他人谋福利了。

无论如何，这些销售员都在自我说服中做得很出色，而这是他们建立自信、培养强大意志力的关键，也是确保能够不断推进销售工作的前提。所以，当销售员在想方设法提升自己的销售技巧和表达技巧时，应该认真思考这样一个问题："你对自己的产品有多忠诚，你愿意为自己的服务投入多少精力？"

第二章　意志力就是一种真实的销售信仰

要相信你的工作是伟大的

25岁的时候，怀特先生来到上海一家动漫公司上班，他的工作非常简单，就是穿着一套动漫角色的衣服叫卖公司生产的玩具。对于很多人来说，这并不是一件光彩的事，多数人更喜欢穿着西装，打着领带，每天坐在电脑桌前敲着键盘办公，或者和客户在咖啡厅里谈业务。

怀特先生从来没有想过有一天自己会以如此卡通的形象示人，会以如此偏于"幼稚"的方式应对工作，重要的是这份工作并不轻松。每天不仅要套着厚重的角色外套，而且经常要在大街上行走，行动非常不便，一整天下来，常常累得腰酸背痛，有时可能连一个顾客也招揽不到。可是经过两个月的实习，他想都没想就决定接受这份工作。在他看来这就是自己想要的工作，就是自己喜欢的工作，更重要的是，他觉得这份工作非常有意义，不仅可以让自己找回最纯真的自己，还可以给别人带来快乐。

很多人都会将销售工作当成世界上最卑微、最受气、最没有尊严的工作，它看上去总是让人觉得低人一等，总是让人处处受到牵制，而正是因为如此，很多人都不具备销售的耐心和兴趣。来自底特律的一些汽车销售员曾经认为汽车销售工作是世界上最差劲的工作，但在很长一段时间内，底特律成了汽车城的代名词，这种反感几乎毫无来由，而可以窥见的一些信息能够解释这一现象——这些工人大都处于一种"为了工作而工作的状态"，而且他们的处境非常糟糕。

通常情况下，销售员处于一种"不甘"的状态，他们会认为自己在为老板和公司卖命，觉得自己的行为除了挣到一笔生活费之外没有任何值得欣喜的地方，对于工作，他们更多时候是抱着交易的心态，"这是一份糟糕的工作，但我能够挣到钱"。此外，他们对于自己的产品质量毫不关心，对于客户的体验也没有什么感想，他们并不觉得自己的工作有什么奇特之处，甚至连最基本的喜爱也算不上。

他们欠缺一种态度和信仰，一种对工作性质的信仰，如果能够改变对工作的态度，能够对工作产生更为积极的深刻认知，那么他们的工作也许会变得更加轻松一些，至少从主

第二章　意志力就是一种真实的销售信仰

观体验上来说是这样的。

一位卖卫生巾的印度店员每天都乐呵呵地面对每一个女性顾客，对她来说，这份工作意味着每天都可以为那些生活水平低下且受制于印度不合理社会文化（人们认为女性使用卫生巾是肮脏的行为）的印度女性提供健康保障。

一位卖螺丝的销售员始终觉得自己正在影响整个世界，如果没有自己的辛勤付出，每天可能都会有一大堆机器无法运转，有一大堆的汽车将无法正常行驶，飞机也无法在天上飞行。毫无疑问这是一份伟大的工作，它让销售员意识到自己正在改变他人的生活，或者改变社会模式。

卖医疗器械的人或许经常会遭受他人的误解和质疑，也经常会被医院等医疗机构拒之门外，但是对于那些内心强大的人来说，他们始终怀抱着"我的产品可以治病救人"的想法，而这无疑让他们获得了更多内在的生存空间。当他们意识到自己正在做一件了不起的事情时，任何困难和压力都不太可能让他们后退和妥协。

苹果公司创始人乔布斯先生曾经在招募百事可乐公司前总裁约翰·斯卡利时，说了商业传奇史上的一句名言："你是愿意一辈子卖糖水，还是跟我一起改变世界？"这句话同样适用于那些有着更高追求的销售员。如果销售员能够意识到或者说找到一个"这份工作很好"的理由，那么他们就没有必要因此而感到沮丧和受挫，他们会认为自己当前的工作有着非常完美的职业属性，有着很好的职业口碑。

普通的销售员只是卖产品，只是在为老板打工或者说挣钱，而那些优秀的销售员有着更加远大的目标和理想，对于自己的工作有着更高的愿景，也有着更高的觉悟，在他们看来这是一个伟大的事业。就像人们最初嘲笑可口可乐公司的员工只懂得卖汽水一样，而对于可口可乐公司的人来说，他们一直都在致力于改变人们的饮食方式。无独有偶，麦当劳最初成立的时候，他们的口号也包含了类似的意愿高度，他们认为自己所做的一切，认为自己对于快餐的推广正在改变人们的饮食结构与生活模式，是提升生活效率的一种重要方式。当可口可乐公司和麦当劳公司的业务员意识到自己的工作将改变社会、改变世界的时候，情况就变得截然不同，他们会表现出百分之百的投入以及绝对的执着。

如果人们觉得这是一份伟大的工作，那么它就会成为一份伟大的工作；如果人们意识到自己的销售行为会带来更大更多的社会价值，那么他们的销售行为就会产生这样的社会价值。真正的问题在于，人们必须改变自己的观念，必须保持一个自信的、乐观的心态，必须建立起一种信仰。当一个人认为自己的工作神圣且伟大时，整个工作流程、工作模式、工作状态就会发生变化。这些变化有助于他们克服销售过程中的困难，有助于帮助他们培养更为坚定的意志。

许多人都忽视了销售理念的重要性，而其中最重要的一条理念就是"尊重自己的工作和职业"，这种尊重有助于人们进一步挖掘自身的价值，有助于提升人们的销售意志力，有助于帮助人们去改善自己的销售风格与销售态度。

‖ 意志力销售法

意志力代表了一种销售原则和立场

"销售方法是可以发生改变的，但服务的理念不能轻易发生变动。"这句话几乎成为销售活动中的名言警句，销售人员的立场和原则通常是一个容易被忽略的方面，因为销售员通常都以出售产品为目的，只要将产品以合适的价格卖掉，只要自己在交易中获利，那么这份交易就算是成功的。正因为人们对这个终极目标过于看重，销售员常常会为了出售自己的产品而不择手段。

最典型的一种模式就是价格战，这里主要是指恶性的价格大战，比如A公司和B公司进行竞争，为了吸引更多的消费者，A公司率先降价10%，这个举措很快产生效果，吸引了很大一部分消费者的关注。当B公司的客户流被A公司吸引而减少之后，它也开始采取降价措施。为了一举击溃对方，它

第二章 意志力就是一种真实的销售信仰 ‖

选择降价15%,这个时候市场价格再次出现较大波动,原本流向A公司的顾客转过头购买B公司的产品。等到A公司意识到自己的折扣和降价措施不得力时,新的一轮降价竞争开始展开,它会选择降价20%甚至30%,而此举将会进一步刺激B公司使用更为激进的降价策略。当双方都沉迷于价格大战时,整个市场可能就会出现紊乱,A公司和B公司都会承受巨大的成本压力,并且陷入"不得不降价"的困境,而对于消费者来说,短期内会受益,但是当两家公司因为价格问题而导致运营困难时,它们可能会选择退出,这对消费者同样不利。

在恶性价格大战中,销售各方看似坚持自己的策略,希望通过耐力比拼来打击对手,但实质上却违背了销售的一些基本原则,违背了最基本的销售立场。这里主要关系到公司的销售策略和销售理念,比如苹果公司多年来始终坚持走高端路线,产品的价格居高不下,虽然此举为消费者所诟病,但是不得不说高端价格为它树立了高端手机的形象。三星手机则采取了不同的策略,它重点打造不同价位区间的产品,通过丰富的产品线和产品型号来赢得不同消费层次消费者的关注。

相比于那些出色的销售员或者销售团队,那些缺乏意志力的销售员往往不具备稳定的销售理念和销售立场，在大环境比较好的时候，他们可能会坚持按照既定的策略销售产品，可一旦大环境发生改变，他们就可能会迅速放弃原有的理念。比如一些公司会销售A类产品，并觉得这类产品是公司重点发展的方向，也是未来市场的趋势所在，可是当开拓市场遭遇挫折时，它们可能就会毫不犹豫地转向B类产品，并认为B类产品更适合发展，接下来，它们可能会转向C类产品。这种盲目转变的风格违背了销售的基本立场和方向，无助于公司拓展自己的业务。

有些公司会坚持自己的发展理念和销售思路，避免被一些不合理的方式影响。比如可口可乐公司经营了一百多年，才有了如今的地位，尽管相比于巅峰期，它的市场占有率被百事可乐以及其他饮料公司瓜分了一部分，但是如果同其他品牌相比较，它的优势依然非常明显。这种优势就来源于对可乐这单一产品的执着，它并没有因为利润下滑而将注意力转移到其他产品的推广上。

不仅如此，销售员需要坚持自己的服务体系，一个有意志力的销售员应该拥有一套完整的销售体系和服务体系，这套体系不会因为客户的不同而发生改变，不会因为外在环境的变化而出现变动。比如除了一些针对性比较强的业务之外，一般情况下，他不会专门为富裕的消费阶层提供更多完善的服务，不会因为客户比较普通而降低服务质量；不会因为对方是熟人就坚持降价处理，而对于新的客户就采用更高的价格。公平是销售活动中的重要品质，也是整个市场经济活动中的重要原则，这种公平首先就应该体现在对所有客户一视同仁的态度上。

除了公平之外，服务体系的稳定性也很重要，相关的制度和规定不能朝令夕改，相关的模式不能在外力作用下轻易做出改变。比如一些销售公司会在淡季和旺季的时候分别制定"不送货上门"和"送货上门"的服务制度，这样的制度就容易失去说服力。有些销售公司这个月实施新的服务制度，下个月又改换成另外一种服务制度，之后又换来换去，这无疑会影响团队的品牌形象和服务的稳定性。当服务体系不够完整和稳定时，销售意志力也就会变得格外薄弱。

董明珠在成为格力公司的董事长之前，曾担任销售经理一职，而她在这个位置上做得非常出色，销量节节攀升，她非常重视与客户之间的关系，但这并不意味着她容忍客户做一些违背原则的事情。据说有一次，有一个年销售额达1.5亿元的大客户来到格力公司谈业务合作。这本来是一个扩大销路的好机会，但是这个客户代表态度非常傲慢，并且明确要求获得特殊待遇。这样的条件让董明珠感到不满，特殊待遇也就意味着对其他客户的不尊重，意味着格力公司要进行一些规则之外的操作。董明珠几乎想也没想就拒绝了对方的要求，而且将其从格力公司的客户名单中彻底清除。

相比于销售理念和服务体系，销售原则更加重要，这些原则包含了对销售活动的约束：严格按照销售活动的规章制度行事，严格按照销售计划行事，坚持自己的做事原则，不要轻易做出改变。在销售过程中，很多客户会提出一些违背道义或者原则的条件，比如某公司和客户做生意，客户表示可以接受这笔订单，但条件是对方要帮忙销售一批三无产品；某些客户代表会要求销售员提高产品价格或者将降低产品价格，然后双方在合作中收取不菲的返利；也有些销售员会擅自修改产品的参数，以提升产品的吸引力。但这都是不可取的。通过一些不正当的手段，或许能够有效提升销量，赢得更大的市场，但是从长远来看，并不利于销售活动的展开。

优秀的销售员往往懂得向自己不喜欢的事情说"不"，即便这个客户非常重要，但是他们依然会坚持自己的立场和原则，拒绝一切违背销售原则和立场的不良行为。

总而言之，每一个销售团队或者销售员都应该拥有自己

第二章 意志力就是一种真实的销售信仰

的销售理念和销售原则,都应该确保这个理念不会受到外在因素的影响。在短时间内,可能会带来一些不适应或者一些负面影响,但是从长远发展来说,坚持一个合理的、稳定的销售理念和原则,无疑会让自己的产品、服务形成品牌效应。

意志力代表了一种强大的健康的销售文化

谈到企业发展或者团队发展时,往往会谈到一个词——"文化",任何一个企业或者团队想要保持长久的发展,想要获得更大的成功,就需要建立良好的健康的团队文化,就需要借助文化价值来约束和引导团队内部的管理工作,确保整个运营工作正常有序。

不同的企业和团队会有不同的文化,宽容、自由、创新、合作、自我批判、奋斗精神,这些都是销售团队内不可或缺的团队文化,类似于阿里巴巴、华为公司、苹果公司、特斯拉公司、谷歌公司、三星公司、富士康公司、微软公司都拥有属于自己的独特文化,这些文化渗透于企业的各个方面,也影响了企业的各个方面。很多企业都有属于自己的销售文化,希尔顿酒店的"微笑服务"就是典型的销售文化,它代表了酒店对顾客的热情和尊重，代表了一种素养。

相比于其他文化现象，意志力也可以成为一种销售文化，或者说成为销售文化的一部分，尽管它通常被当成一个标签来看待，但在许多销售团队和企业中，销售文化会成为团队文化或者企业文化中的一个重要内容，类似于安利公司的一些直销公司或者保险公司，都是以意志力作为销售文化的。或者更进一步来说，几乎所有的文化都可以和意志力联系起来。

比如希尔顿酒店要求每一个业务员在见到顾客时保持微笑，而且必须是露出八颗牙齿的标准微笑。面对一个顾客时，保持微笑很容易，面对一百个顾客时，保持微笑就很难；第一天保持微笑很容易，连续一百天都保持微笑往往很难；心情好的时候保持微笑很容易，情绪不好以及身体状态不佳时保持微笑就很难。因此微笑服务本质上依然脱离不了意志力的作用，没有强大的意志力作为保障，销售员的微笑无法坚持下去，微笑服务也不可能成为文化的一部分。

华为公司一直讲究狼性文化，它一直追求极致的市场扩张，敏锐的目光、奋斗的精神以及强大的合作能力，这些都需要依靠意志力来支撑，因此这种狼性文化也是一种意志力的表现。沃尔玛超市始终坚持客户至上的原则，他们的口号是:"第一条,顾客永远是对的;第二条,顾客如有错误,那么请参照第一条。"这种口号显示出了他们强大的执行文化和服务文化。想要数十年如一日地参照这两条标准行事,对于沃尔玛的全体工作人员都是一种挑战,但正是这种挑战成就了完美的企业文化。

在那些优秀的企业和团队内部,意志力实际上成了一个重要的文化标签,这种文化标签代表了企业文化的高度,代表了企业销售文化的精髓。在过去很长一段时间内,人们对于销售文化并不看重,或者说很少有人会单独将其拿出来讨论。意志力与销售的结合,很少会被上升到文化层面进行考量,但对于销售员或者企业来说,意志力文化是实实在在应该存在的,而且这种文化的打造有助于提升团队的执行力,并拓展团队的发展空间。

一般情况下,意志力强的团队拥有更加出色的执行文化,比如很多销售团队可能会给销售员下达任务指令,要求对方这个月必须卖出30台机器,或者要求业务员必须拉到一笔比较大的订单。这种指令因为难度过高可能会被忽视,也可能会在一种消极状态下被执行,团队管理者会想办法施加压力。而一些优秀的团队则不用等待类似的命令,他们中的每一个成员都会主动寻找销售方法和渠道,直到完成这些任务，甚至会想办法超额完成任务。

很多销售团队对于员工的管理不够到位，管理者对下属的约束能力不行，很多员工常常在工作期间开小差，常常借助上班时间干私事，或者在上班期间做一些与工作无关的事情。而意志力强大的销售团队中则不存在这些情况，每一个人都会严格遵守规则，都会压抑自己的不良行为，避免给团队带来负面影响，所有人都拥有强大的自控力，坚持以销售工作为先。

有些商店和超市内的店员在上班期间经常玩手机，对于那些无法抵制手机诱惑的人来说，薄弱的意志力无疑会削弱销售的效果。在一个意志力强大的团队内，每一个店员都懂得控制自己的行为，避免被手机干扰。

一个以意志力作为销售文化的团队，往往具有强大的执行力，队员可以克服各种困难和挫折，可以保持强大的主动性和积极性。从某种意义上说，意志力必须成为一种企业文化或者销售文化，销售团队或者销售员应该在这种文化的影响下展开销售活动。比如一家欧洲企业告诉自己的业务员，"只有当你被客户拒绝5次以后，你才能考虑放弃这项业务"；一家保险公司要求每一个业务员必须每周跑25个客户，无论时间多么紧张都必须坚持做到这一点。这些都是意志力传播的一种表现，对于任何一个团队来说，这种销售形态至关重要。可以说真正的销售活动，销售的不仅仅是产品和服务，更是一种文化，一种意志力输出。

第二章 意志力就是一种真实的销售信仰

意志力代表了一种仪式感

在欧洲一家偏僻的小超市里，女雇员每天早上都会给予第一个进店的顾客一个大大的拥抱，并且给对方一份小礼物。这个简单的仪式，她一直坚持了40年。一开始很多人对此感到不解，毕竟有时候一整天都没有人到这个偏僻的小超市里购买东西，倒是一些流浪狗经常会守在门口，等着享用一些快过期的香肠。但是女雇员一直都坚持每天这么做，这让她的工作变得非常神圣且有意义，她也认为自己所做的一切更像是对生活的一种祝福，是给整个销售活动打造一个良好的开端。

正是这份仪式感让她在工作岗位上待了40年之久，而且随着她的行为越来越为人所知，小镇上的人都会到她的超市里购买东西，一些外来的游客也会慕名前来消费，这让超市的生意非常火爆。

单调乏味以及困难重重的销售活动往往会导致职业倦怠症，患有职业倦怠症的销售员往往会出现消极对待工作的行为，比如上班期间无精打采，服务时态度不好，认为生意可做可不做，经常与上下级以及客户之间产生矛盾分歧，经常表现出疲劳的状态，经常会抱怨工作不好做。当职业倦怠症产生的时候，销售员的工作意愿会不断下降，工作效率和效用都会大幅度下滑，并且应对困难和挫折的能力会下降。

想要改变这种状态，就需要找到一些热情和兴趣，就需要找到一种能够让自己保持强大动力的促进因子，这个促进因子就是仪式感。仪式实际上是指某个群体在一些重大事件和重要时刻形成的一种偏于程式化的活动形态，或者说行为规范。在法国童话故事《小王子》一书中对仪式感做了一个简单的定义，那就是使某一天与其他日子不同，使某一时刻与其他时刻不同。通常情况下，销售员更加专注于为客户提供仪式感，比如苹果手机爱好者的仪式感就是通宵达旦地在苹果店门口排队，通过这种仪式，他们可以获得更大的满足，可以让自己看起来更像一个忠实的前卫的"果粉"。

销售活动同样具有仪式感，销售员在销售活动之前或者进行的过程中，都可以通过某种仪式来提升自己对于销售活动的认识，强化自己在销售活动中所扮演的角色，强化自己的情感归属和群体归属。设定仪式往往是提升销售员认同感的重要形式，许多人之所以缺乏持之以恒的动力，很重要的一个原因就在于他们没有从工作中获得足够的认同感，当他们意识到整个工作只是枯燥、乏味、单调、重复的糟糕行为时，他们不太可能愿意坚持得更久一些。这种仪式感有时候是团队内部的，比如很多销售团队处于离散的状态，每个人都只顾着自己的工作，每个人都只顾及自己的利益获得，甚至可能因为个人利益而出卖团队利益，或者说会因为个人的某种感受而消极怠工。想要确保销售员能够保持强大的工作动力和绝对的忠诚度，那么团队内的仪式感不可或缺，毕竟每个人都需要一种共同行为准则的约束。

一些酒店每天早上都会要求员工列操或者跑步，召开一些早会（早上上班时开会，一般以20分钟为宜），很多公司也会要求员工上街去喊口号，做宣传，或者带领员工参加内部培训；一些销售团队会记住每一个队员的生日，然后大家共同庆祝。这些都是仪式感的表现，而通过仪式，人们可以直接表达内心的情感，可以提升团队的凝聚力，并让所有员工的价值感和存在感得到认同。

坚持也是一种仪式感，许多人会将销售工作当成一个长期的、复杂的工作对待，就像一些店员每周周末都会到店里看一看，每天都要坚持提前半个小时上班，推迟半个小时下班，这些同样是仪式感的表现。销售员的仪式感表现非常丰富，也没有一个固定的模式，只要是有助于销售的某种行为，而且这种行为可以长期坚持下去，那就可以称为仪式感。

每天清点一遍货柜上的商品，每天清理和擦洗货架上的商品，每天检查一遍客户的名单，每天坚持去商场或者公司营销部的各个角落看一看，定期或者节假日给每一个客户打电话问候，还有一些人会在每天上班之前沐浴更衣，确保自己以一个干净整洁的状态去工作。这些行为也许没有太大的意义，但是对于自己工作的维持有很大的帮助。

如果说企业或者商家给客户带来的仪式感体验会成为一种重要的品牌标签，那么商家或者销售员的仪式感则更像是企业或者团队内部的一种工作特质，这种特质会影响销售员对自身工作、自身产品以及品牌的认知，提升销售员的忠诚度。一般情况下，仪式感比较强的人对于自己的工作非常感兴趣，工作非常努力认真，而且富有责任感，他们拥有更强大的意志力。一般来说，仪式感有助于帮助他们更快地进入深度工作（是指人们在没有任何干扰的状态下专注地进行职业活动,从而确保个人的认知能力达到极限)的状态,也可以让自己在潜移默化中提升对工作的尊重和热爱,提升自信心。

有个业务员在与人进行业务谈判的时候,会提前一天收集对方的相关信息和资料,无论自己工作多忙,无论对方是大客户还是小客户,他都会认真做好准备,确保第二天见面时,可以叫出对方的名字,可以了解对方喜欢的东西以及把握对方的情绪状态,确保自己的工作更加顺畅。这个习惯他坚持了20年,因此积累了大量忠诚度很高的客户。

从某个意义上来说,意志力就是一种仪式感,是人们坚持做某件事,或者坚持培养某个工作习惯的一个方法,这样的习惯无疑会带来更多工作上的便利,也会提升工作效率。

│意志力销售法

意志力代表了更加开放的思维

有个销售员奉命去A地推销公司的产品,可是连续约了十几个客户都失败了,对方声称根本就不需要这些产品,没有人使用过这些产品,附近也没有任何商店是出售这些商品的。很快这个人就离开了这个地方,他给公司做了工作汇报:"此地不需要这些产品,绝无发展空间。"

汇报传回公司后,高层纷纷决定改换一个市场进行开发,就在这个时候,一家竞争公司得知了这个消息,于是派了一个代表去A地开发市场,出售的产品和之前那家公司一样。这件事引起了同行们的嘲笑,尤其是之前那家公司,他们认为此前没有公司在这里出售产品,这就意味着这个市场不成熟,没有任何相关的需求。但是对于这家竞争公司来说,正因为市场上从来没有出现过这一类产品,从来没有人卖过类似的产品,这块市场才有了巨大的开发空间。事实也证明了他们判断的准确性。

对于很多人来说,市场上没有类似的产品,就意味着该产品不符合市场需求,因此会选择尽早离场。但是对于某些销售员来说,正因为市场上没有这类产品,才存在更大的开发空间。对于很多人来说,客户不喜欢购买某件产品,就会直接认定该产品不具备销售价值。但是对于一些销售员来说,客户说不喜欢买往往是一种机会,意味着他从来没想过也没有真正购买过相关产品,意味着从来没有人在这个客户面前成功推销过任何相关产品,因此就给销售员提供了推销产品的可能,对于销售人员来说,这个客户完全就是一个潜在的服务对象。

有关市场的开拓和产品的销售,人们通常只看得见表象,却没有意识到这些表象背后的规律,不知道背后意味着什么。可以说多数销售员仍旧用传统的、保守的、固化的思维来看待销售,看待销售过程中遭遇的问题,这无疑会将自己的工作当成一个僵化的职业。实际上,对于多数销售员来说,销售本身就是一份枯燥乏味的工作,本身就是一份让人觉得恐慌的职业,从一开始就容易产生"这不是一份轻松的工作","如果没人要我的产品,那我就只能放弃这个销售任务了"的想法。在这种惯性思维的影响下，人们很容易对自身遭遇的销售问题以及挫折产生固化心理。

对于销售员来说，真正想要做好销售工作，就需要开放思维，需要放开自己的想法，挣脱有关销售的一些模式。通过其他的角度和视野来看待自己的工作，看待自己所遭遇的问题，也许就可以找到突破局限的方式，可以找到破解困境的方法。

开放式思维与枯燥乏味的销售工作是可以实现兼容的，或者说，人们完全可以改变自己的陈旧观念。那些意志力强大的销售员总是试图从新的角度去理解销售，用新的思维去思考促进销售的方法，他们不会在当前的销售模式中挣扎，而是一直尝试着运用新的方法去打开销路。

有家商店准备出售一批老款式的衣服，于是想要进行促销。第一天商店打了八折优惠，可是进店的人少之又少；第二天又打了七折，结果还是没能吸引到更多的顾客；到了第三天，店家直接推出六折优惠，可是仍旧没有吸引太多的顾客进店消费。店里的老板非常沮丧，觉得这些衣服可能要放进仓库里了。这个时候，有个销售员提出了自己的观点，那就是商店不妨进行一折促销。当然，他建议老板推出一套为期两周的促销活动，具体是这样的：商店第一天打九折，第

第二章 意志力就是一种真实的销售信仰

二天第三天打八折,第四天第五天打七折,第六天第七天打六折,第八天第九天打五折,第十天打四折,第十一天打三折,第十二天打二折,第十三天第十四天打一折。

店老板将信将疑,采纳了这个建议。在他看来,顾客必定会集中在最后两天来购买衣服,到时候自己估计真的要做亏本买卖了,但是相比于将衣服扔进仓库,一折至少也能换点儿现金。可是情况并不像他想的那样,虽然前面几天并没有什么顾客,只有三三两两的几个人,可是到了第六天第七天,顾客像潮水一样涌入商店,他们很快将大部分衣服买走了,而真正到了打一折那两天,店里的衣服早就卖光了。为什么店家推出了一折优惠,但是最终以六折的价格卖光了所有产品呢?原因就在于顾客根本等不到打一折的那一天,为了挑选到最好的衣服,或者说为了防止最中意的衣服被人提前抢走,他们纷纷选择先下手为强,当所有顾客都这么想的时候,衣服自然很快就能销售一空。

在这里,销售员就转变了思维,站在顾客需求以及消费心理上来看待销售,同时也运用了倒推法,即先从出现打一折时的情况算起,在衣服进行一折促销时,所有顾客都会疯抢产品,此时,人们就会这样想,"我应该在打二折时买走衣服",可是由于所有人都这么想,他们又会担心自己中意的产品被人在打三折时买走，这个时候，人们只好提前在打四折优惠的时候动手。结果一轮轮往上推，到了打六折左右，大家都熬不住了，选择提前出手。

开放思维在销售工作中往往不可或缺，毕竟相比于其他工作，销售并没有固定的章法可循，每一个销售员发挥主观能动性的机会比较大，每个销售员都可以按照自己的意愿和模式制定销售策略。职业本身具备的自由与灵活性，赋予他们更大的思维活动空间。

第三章

意志力销售就是全方位提升自我

销售员要培养强大的销售能力,不能仅仅考虑销售方法,最根本的是需要提升自己的意志力。而提升意志力,就需要提升自己的全面素质,这样强大的意志力才能有源泉。这就要求一个人自信、谨慎、专注,具有耐力和钝感力。

自信：你觉得自己能够说服对方吗

在生意场上，人们通常都会受到一些诸如社交技巧、谈话技巧、博弈方式之类的误导，认为与人谈论交易事宜，就是对社交技能和销售技巧的一种重新认知或者重新学习，但是在现实生活中，无论是销售方还是消费者，无论是供应方还是承接方，都有可能陷入拉锯战。

当双方无法达成一致的时候，许多人认为的"一句话就能改变形势"往往是一种错误的、浅显的认知，在多数时候，销售活动都会陷入漫长的相互试探和谈价状态，销售方和消费者都会想办法为自己争取最大的利益，都会认为只有对方退让一步，自己才会获利更多。在这种情况下，销售方将会面临比较大的压力，尤其是当双方一直无法实现平衡时，整个销售活动会变得异常艰难，而这个时候，最关键的就是保持意志力，而这种意志力往往建立在自信心的基础上。销售员有时候必须问自己一个问题："我是否能够说服对方？"

美国著名的推销高手博恩·崔西曾经说过："我能让任何人买我的图书。"这就是一种自信，在他看来，只要自己掌握了对方的需求，然后保持这一份自信，就可以获得成功，事实也证明了他的确拥有这样的能力。有人说他曾连续一个月向一家书店推销自己的书籍，就因为他觉得自己能够办成这件事，最后他真的做到了。

在日常生活中，销售员通常都会遭遇这类问题，他们所面临的业务压力比人们平时所猜想的要大得多，因此他们更需要保持强大的自信来支撑自己的销售行动。比如，消费者表现得很抗拒，对购买产品并没有什么兴趣，或者说对方已经打定主意购买第三方的产品和服务，那么这个时候，销售员该如何确保自己的产品被对方接纳呢？

又或者在一些商业谈判中，如果对方实力雄厚，在整个产业链中占据优势地位，并不担心找不到合作伙伴，因此似乎并没有迫切的合作意愿。换句话说，如果让一个普通公司的小职员去苹果公司或者谷歌公司谈业务，去库克或者谢尔盖·布林的办公室推销自家公司的产品，他们是否有足够的信心完成任务，或者退一步说，是不是相信自己真的敢于面对这些科技领域的大佬。毕竟在面对体量为自家公司几百倍几千倍的巨无霸时，人们承受的销售压力远远比完成任务更大。此时销售一方该如何促成交易呢？假如双方都希望彼此能够进行合作，但是对方却提出了一些比较苛刻的条件，比如进行技术转让，或者进行入股，以至于双方在合作上并没有达成一致，整个谈判陷入僵局，并导致销售计划就此搁置。此时又该如何打破僵局呢？销售员是不是敢于直接和库克谈条件，是不是敢于和谷歌公司的两位掌门人摊牌呢？

有时候，即便人们抓住了顾客的需求，也难免会有一些挫折和波折，毕竟对于顾客来说，他们面临的选择实在太多了，当他们将目光盯着某一个品牌或者产品时，也许会在下一秒钟就改变主意。在如今这个品类繁多的时代，消费者随时随地都有可能做出消费选择上的变化，他们的行为变得碎片化、游移化，这对任何消费者来说都是耐力上的考验。即便是最资深的销售员，也有50%的概率被人拒绝，更细致地说，多数人的销售成功率不到30%，在人们所接触的顾客中，可能有三分之二的人不会购买产品。在很多时候，销售员需要建立一种自信，这种自信不仅仅来源于对产品和服务的认知，也来源于对个人能力的认知。

‖ 意志力销售法

  王先生是深圳一家激光测距电子测量仪销售公司的业务员，平时都会去各地跑业务，跑市场，帮助公司推销产品。有一次，某个顾客在电话中多次声称要购买公司的产品，可是每一次都只是嘴上说说而已，从来没有下过订单。很多人都劝王先生放弃这笔订单，认为对方可能就是一个骗子，或者单纯地拿这件事取乐，毕竟对方如果真的有诚意购买产品，肯定会早早前来公司取货。

  而王先生并不那么想，他对自己公司的产品深信不疑，觉得对方之所以迟迟没有下订单，可能是因为拿不定主意，也许对方同时也相中了其他品牌的测量仪，也许对方希望对该品牌的产品加深了解，也许对方对于品牌有一些细节和价钱方面没有考虑好，所以每一次顾客打来电话，他都耐心倾听，并且细心做出解答。就这样坚持了半年，对方终于下定决心购买产品，并且一次性购买了500个激光测距仪。

  在销售活动中，个人的自信非常重要，它是支撑整个销售活动的关键要素，如果没有自信，那么销售员想要在竞争激烈的环境下拉拢客户就会很难，整个销售活动也会缺乏持续性，会丧失弹性。因此对于任何销售员来说，无论自己的技巧多么高超，无论自己的资源多么充实，无论自己的经验是否丰富，都需要强大的自信，需要给予销售活动必要的保障。

谨慎：控制好失误，把握每一个细节

通常情况下，经济学家、管理学家或者其他一些类似的营销学专家会告诉人们这样一个观点：销售是一门艺术。在他们看来，销售需要运用高超的技巧，需要懂得整合各种资源，需要发挥自身的优势，需要强化自己的社交技能，但人们似乎忽略了一点，那就是销售虽然是一门艺术，但更应该是一门科学，因为销售的环境、环节、步骤、方法都需要运用科学知识。人们想要表现出强大的执行力，就需要对细节进行科学合理的安排，避免一些不合理的环节破坏整体的销售效果。

这种细节保障体现在多个方面，比如产品出货前的保障，一些公司设立了质量检查部门，会仔细检查每一件产品的质量，但是为了降低次品率，在产品正式出货之前，销售人员也要对产品进行再一次的检查。检查产品的数量、质量、包装，看看外部包装上的产品日期和说明有没有错误，看看订单上的产品种类有没有错误，并且保证自己能够在约定时间内到货。对于那些优秀的销售员来说，如何保证自己的产品不会出错，是最基本的业务素养，是必须掌握的技能。

除了产品检查之外，广告宣传也是一个很重要但细节却很容易被商家忽视的方法。在销售活动中，广告是一个重要的销售工具，好的广告有助于提升产品的吸引力，有助于打造一个更具影响力的品牌。但是很多商家都不太注重细节问题，导致很多广告或多或少存在一些瑕疵，而正是这些瑕疵的出现，影响了广告的宣传效果。

比如苹果公司每年都会举办新产品发布会，而这些发布会堪称是一次活体广告，尤其在乔布斯时代，几乎每一年的新产品发布会都会引起世界性的轰动。乔布斯非常注重发布会的每一个细节，从灯光设计、场景布置、时间安排，乃至PPT设计和语言设计都非常出色。乔布斯会像导演一样导演好整个发布会，同时也堪称一个营销大师，他会将自己所要表达的产品信息和销售点以一种类似于电影的方式呈现出来。

他的发布会几乎集合了大片所有的元素：英雄、反派、主角、配角、灯光、色彩、音乐、文字、旁白、视觉冲击，以及出色的故事情节。几乎每一个细节都会被重点关注。在PPT播放环节，乔布斯更是显示出了十足的销售功力，他非常注重产品图片和文字的搭配，注重字体的大小和间距。在他的演讲稿中，一般会设置10页幻灯片，而且幻灯片的持续时间不会超过20分钟，幻灯片的字体不小于30磅，大字体有效保障了吸引力。还有，乔布斯非常注重简洁的风格，文字描述非常少，有时候只用几个字或者简短的一句话描述产品，这样就可以有效把握顾客的心理。

此外，为了确保整个发布会的顺利进行，乔布斯会提前几个小时进行演练，会特别专注地对相关环节进行检查，直到确定万无一失为止，而正因为善于把握细节，他能够将这种特殊的销售广告做到极致，成功吸引全世界的目光。

在交易过程中或者销售活动中，把握细节更能体现出一个人或者一个销售团队的认真程度，销售员可以对销售的环境、场合、时间进行仔细设定，确保客户能够在一个舒适的环境下购买产品或者享受服务。最明显的一个例子就是卫生情况，许多饭店的饭菜非常可口，具有很强的吸引力，可是卫生状况比较糟糕，地板上、餐桌上、厨房里都不够干净，加上整体的装修略显老旧，顾客可能会觉得难以下咽。

除了环境要保持舒适之外，销售中的行为举止更能够体现出销售人员的素养和热情，有的店员在顾客进门或者离开时，会保持微笑，并且亲自在门口迎接或者相送，会帮忙开门，会注意整理自己的仪表，会注意自己的言语和肢体动作，尽量传达出友好的、真诚的态度，从而保证自己的形象不会出现纰漏。还有一些管理者会要求销售人员注意说话的语速、声调和音量，以免给顾客带来任何不适感。

对于所有人来说，想要保持好这些行为非常困难，这意味着人们需要保持强大的专注度，意味着人们需要将其养成一种习惯。从细节处着手进行修饰和完善，本身就有助于人们从微观层面保持强大的控制力。一般情况下，销售员并不太关注细节问题，对于他们来说，对细节投入过多的关注会削弱自身的精力，这对个人的时间和精力都是巨大的挑战，因此很少有人能够把细节问题做到极致。

关注细节的人往往过分挑剔，他们像猫头鹰一样谨慎和认真，时刻都在关注周围的一切动静，任何一个微小的细节都不肯放过，他们是那种愿意睁大眼睛审视自身行为的人，任何不合理的环节和细节都会让他们坐立不安，任何一个细小的问题在他们看来可能都是潜在的威胁。这些人具有猫头鹰式的行为特质，喜欢安静地思考，他们拥有非常好的生活习惯和工作习惯，并且乐于借助习惯约束自己的行为。

作家杰克·霍吉在《习惯的力量》一书中说道："我们几点钟起床，怎么洗澡、刷牙、穿衣、读报、吃早餐、驾车上班等等，一天之内上演着几百种习惯，这是在提醒我们：你非常需要仔细检查一遍自己的习惯。看看哪些是有益的，哪些是无益的，哪些是有害的，而后将无益、有害的改为有益的。哪怕是一个小小的改变，假以时日，必能受益无穷。"在销售中，同样需要注意各个细节，需要审视自己的每一个行为以及行为片段，观察自己在哪些方面做得不好，并及时进行反省和改正，争取养成新的科学合理的习惯，让自己从细节上获得成长。

在现如今的市场经济体制下，顾客掌握了越来越多的主动权，他们是挑剔的，而且必然会变得越来越挑剔，这种挑剔会导致他们变得过分敏感，而且注重细节方面的体验，这对销售员的专注度和意志力提出了更大的考验。

包容：保持宽容往往就是最好的应对方式

心理学教授詹姆士·哈维·罗宾森曾经写过一本书，《下决心的过程》，书中有这样几段话："我们有时会在毫无反对或被热情淹没的情形下改变自己的想法，但是如果有人说我们错了，反而会使我们迁怒对方，更固执己见。我们会毫无根据地形成自己的想法，但如果有人不同意我们的想法，反而会使我们全心全意地维护自己的想法。原因显然不是那些想法对我们而言比较珍贵，而是我们的自尊心受到了威胁……'我的'这两个简单的字，是为人处世中最重要的，妥善运用这两个字才是智慧之源。不论说'我的'晚餐、'我的'狗、'我的'房子、'我的'父亲，还是'我的'国家，都具备相同的力量。

"我们不但不喜欢说我的表不准，或我的车太破旧，也讨厌别人纠正我们对火车的知识、水扬素的药效的错误……

"我们愿意继续相信以往惯于相信的事,而如果我们所相信的事遭到了怀疑,我们就会找尽借口为自己的信念辩护。结果呢,多数我们所谓的推理,变成找借口来继续相信我们早已相信的事物。"

在销售活动中,销售员在面对外界的质疑时,同样会表现出过度自我保护以及过度反应的行为,尤其是考虑到自身利益的时候,他们会坚定自己的立场,会坚决维护品牌形象和自身的立场,因此当双方产生分歧和纠纷时,销售员往往会表现得非常激动,会想方设法为自己的产品和服务辩解,并且排斥消费者质疑和否定的行为。

在日常生活中,往往有一些客户会纠缠不清,有一些顾客会试图挑起纷争,他们可能会不太满意产品的性能,不太满意产品的价格,或者对产品的外形和质量提出质疑,对产品的包装埋怨,又或者在购买过程中对相关的服务不太满意。并非所有的顾客都会表现出"我很喜欢这件产品"的良好态度,并非所有的顾客都会表现得彬彬有礼,并对产品称赞有加。遇到这种情况,包容是最好的应对方式。

某公司的网络销售部的网站刚刚开通,就有一大批顾客在下面留言,有的给予了赞扬和肯定,有的顾客则给予了差评：

"为什么你们的产品要比别人贵那么多呢？我并不觉得你们的产品性能有什么优势。"

"我买过类似的产品，可能也是你们公司的产品，质量非常差，我现在还将它扔在杂物间，我并不相信这些宣传。"

"我觉得你们的产品有问题，其他品牌的产品和服务比你们好多了。"

"是时候改变一下某些店员傲慢的脾气了，否则你们的顾客将会一去不返。"

"你们的产品外形真的是丑到没话说，难以想象你们的设计师究竟干了什么。"

"在新一轮的促销活动中，想象一下我能给你们打几分？我想应该不会超过3分（满分10分）。"

……

面对各种各样的质疑和批评，面对各种不切实际的刁难，销售部的负责人在网站上耐心地进行讲解，解释公司产品和服务的相关情况，解释不同企业、不同品牌在不同市场的竞争状况，并对顾客的相关想法和体验表示理解。他觉得每个人都想买到物美价廉的产品，这是毋庸置疑的，每个人都会有不同的期待和需求，如何解决相关问题，则是任何一家公司都会遭遇的难题。不仅如此，负责人还将自己的产品进行详细介绍，包括产品的细节和相关参数，以及存在的一些不足之处也展示给顾客，并表示尊重顾客的所有评价和选择。负责人还明确表态可以邀请顾客到公司的生产和销售部门进行参观，也可以去实体店内体验并提出自己的建议和意见。

就这样连续被骂了半年多，他也连续解释了半年多，公司的网络销量越来越好，很多原本对产品抱有怀疑、否定和敌意的顾客也纷纷被说服，开始表态愿意购买该品牌的产品。这就是耐心和包容的力量。

在面对非难和质疑时，睿智的人一般都会选择包容。某品牌销售员跟着公司开辟新市场时，发现当地人对自己不够友好，他们总是来店里闲逛，每次购买商品时总是挑三拣四，指着各种商品挑毛病，不是抱怨产品不够精致，就是抱怨价钱太贵，一些人还时不时拿店员的服装开涮，认为这样的形象过于滑稽。许多店员不胜其扰，准备做出还击，一些人甚至觉得即便关掉这家门店，也不能让别人这样侮辱自家的产品。可是上级领导明确下达了指示：绝对不允许店员与顾客发生争吵，即便顾客的行为举止不是非常合理，即便顾客会提出一些过分的苛刻的要求，也要保持耐心和宽容，绝对不能针锋相对。

包容是一个容易被销售人员忽视的细节素质，很多商家和店员缺乏这种忍耐力和自控力，他们容不得别人说自己的产品不好，容不得顾客指出自家产品的缺点，容不得顾客给产品一些差评，无论是为了维护产品形象，还是为了维护个人的名声，他们往往都会表现得非常强势。比如很多商家的店员经常会和那些表态对产品和服务不满的顾客发生争执，甚至爆发严重冲突；还有一些开网店刷单或者刷好评度的人，他们总是试图掩饰自己产品的缺陷，屏蔽那些对自己不利的信息，甚至利诱顾客给自己好评。

争吵不利于推进自己与客户之间的关系，而掩饰也并不能掩盖所有问题，最好的方式还是以包容的心态面对顾客，面对彼此之间的纠纷和矛盾，这既是对顾客负责，也是对自己负责。在面对那些不讲道理的顾客时，最好的方法就是保持包容。当顾客或者消费者对产品或者服务喋喋不休地进行抱怨时，当大众消费者对品牌或者销售员进行攻击时，就意味着自己的服务不到位，意味着产品还缺乏足够的说服力。尽管没有任何一款产品、没有任何一个品牌、没有任何一个销售员可以取悦所有的消费者以及客户，可以让所有人都点头称赞，但在面对顾客的抱怨、谩骂以及不理解时，销售者更多时候应该关注和反省自身，看看自己的产品和服务是否真的达到了一个较高的层次。

从某种意义上来说，这是一个自由选择的时代，顾客是自由的，他们有自主选择和判断的权利，没有人可以剥夺这些权利，因此商家和销售员应该保持平常心来对待，避免陷入纠纷。与此同时，由于产品种类越来越丰富，竞争也越来越激烈，在整个市场环境下，销售方始终应该围绕着消费者转动，这种迎合性必然要求每一个销售员提升自己的销售素养，改善自己的服务态度。这种包容性不仅仅体现在销售员的个人素养上，更多地体现为整个销售团队或者企业的内在文化。这种文化素养虽然缺乏明确的针对性，但对于整个销售团队的运作，对于品牌影响力的提升，对于市场的维护都至关重要。著名经济学家、管理学家阿里·德赫斯曾经在荷兰皇家壳牌集团公司工作38年，在这38年的工作生涯中，他深入观察了企业的发展模式，同时专门对世界上那些长寿公司进行详细的研究，最终得出了一个结论：长寿型的公司大都具有宽容的企业文化。这种宽容不仅仅针对内部，也具有对外输出的倾向性，对合作伙伴、客户、普通消费者都应该具备包容性。

耐力：一个人可以承受多少次失败的打击

对于销售人员来说，最常见的事情就是被人拒绝，但凡做销售工作的人都会遇到被人拒绝的窘况，无论是新手，还是老手，无论是销售大师，还是普通销售员，都免不了被客户拒绝，免不了会遇到一些失败的销售行动，但对待失败的不同态度，往往决定了不同的结果。

从现实的角度来说，世界上多数销售活动都是以失败开始的，而且多数销售行为都是失败的，可以说失败占据了销售结果的大部分，但人们是否有足够的耐力继续坚持下去呢？或者换一个说法，一个人究竟可以承受多少次的失败打击，一个人究竟可以允许自己承受多少次失败？

最常听到的一个理论是："第101次的成功恰恰是前面100次失败积累起来的。"或者说"即便失败了100次也不要放弃，因为第101次可能就会获得成功"。类似的说法并不是简单的数字游戏，它的核心理念就是坚持，而这个道理具体落实到现实中，可能每个人都应该问一问自己："我能经得起一次又一次的失败吗？"而不是"我能经得起失败吗"？

被称为"中国保险销售第一人"的泰康人寿销售总监蹇宏在最初推销保险的时候，被人拒绝了上千次，他在上班第一天上午就敲了86家的门，但没有人对他的保险产品感兴趣，所有人都拒绝了他。毫不气馁的他之后又走访了1000多户人家，但是仍旧没有一个人愿意签单。接二连三的打击让他感到很气馁，家人和朋友也劝他改行，不要再卖保险了，但与此同时，经理找到了他，告诉他如果就此放弃，那么就意味着他前面所有的努力都白费了，相反地，如果可以继续坚持下去，那么拐点就在前面，也许下一个客户就会签单成功。听了经理的话，他决定再给自己一次机会，结果不久之后，他签下了人生的第一单，而这也为他后来的成功奠定了基础。

很显然，并不是所有人都具有承受挫折和失败的能力，更何况还是承受多次的失败。对于意志力薄弱的人来说，一次失败就足以摧毁他们的勇气，但对于那些出色的销售员而言，这是他们意志力成长的一部分，是他们从事本职工作时需要面对的一个基本问题。他们会不断告诫自己"现在被人拒绝"只是因为"被接纳的时机"还没到，会提醒自己这不过是一种考验，当考验的次数多了，销售自然也就会突破僵局。

这种精神上的自我安慰其实是内心强大的一个表现，也是意志力出众的表现。具体来说，这些思维可以转化成两种基本模式。

首先，必须产生这样的觉悟——自己现在不能说服对方并不意味着以后也无法说服对方，只要坚持下去，总有一天会说服对方。销售员已经把信息传递给了客户，以后可以寻找恰当的时机和方式，让客户接纳自己。而且每一个人都是会变的，客户今天的情绪和态度可能是这样的，明天可能就变成另外一个样子，明天对方的态度可能就不会那么强硬。每一天的变化对于销售员来说都是机会，每一天的态度改善都是一种进步。这是一个量的积累，一旦次数多了，就会产生质变，这个时候就会打动对方。

有个安利公司的推销员上门推销自己的化妆产品，顾客说自己用不着这些产品，因为自己所有的东西都已经在超市里买好了。第二天，这位推销员仍旧去敲顾客的大门，这一次仍旧被拒绝了。第三天,这位推销员再次上门推销产品,顾客有些生气,他告诉推销员自己已经有了相关的产品,即便自己用完了也会去超市购买,他不需要也不喜欢这些产品。

第四天,推销员准备再次上门推销,却刚好在楼道里碰到了这位顾客,顾客有些愧疚,他为自己昨天的冲动话语道歉,并认为自己无心伤害他人。推销员笑着说:"这根本没有什么,你们本来就有权利拒绝任何人。再说了,我并不觉得你伤害了谁。"说完之后,他递过去一张名片,"从明天开始,我可能要去别的小区推销了,这是我的名片和电话,如果你有什么要购买的话,欢迎你随时打电话给我。"

几天之后,推销员接到了这位顾客的电话:"家里的洗发水似乎难以去除头屑,不知道你那里有没有类似的产品,我想买一瓶试试。"没过多久,推销员就将产品送了过去,一段时间之后,顾客觉得这个洗发水的去屑效果非常好,而且头皮非常清爽,于是再次打来电话购买。而一年之后,这个顾客已经多次从这位推销员这儿购买产品,还将这些产品推荐给了亲戚朋友。

其次,除了坚信客户有一天会被自己说服之外,销售者还要意识到自己之所以无法打动客户,可能是因为自己的方法错了，或者没有把握住客户的需求。这个时候人们要做的不是直接放弃，而是认真反省自己的推销模式，看看问题究竟出在什么地方。必要的话，销售员应该认真听取客户的意见，应该注意观察客户的行为和举动，从而把握客户的真实需求，并掌握与客户进行交流的技巧，确保自己的销售行动可以打动对方。这是一个积累经验并提升自己的方式，如果销售员没有被他人拒绝，可能就无法发现自己的缺陷，也无法提升自己的销售能力。

从这个方面来说，一个人承受失败的次数越多，就意味着获得成功的机会也越大，因为每一次的失败都是经验的积累，都意味着一次错误销售方法的排除。而只要不断试错，最终总会迎来成功。这是销售界的一个基本法则，也是人们保持信心和耐心的关键。

当然，有时候会发生一些特殊情况，销售员可能已经说服了顾客，整个面谈非常成功，而且销售员确信自己表现得非常完美，几乎挑不出什么毛病，马上可以约定一个时间签单了。但是当他们满怀期待时，这一刻却并没有到来，客户开始找借口推脱没时间，开始刻意躲闪，甚至玩起了失踪，然后某一天销售员得知对方已经找到了其他的销售员。

此时，销售员只得暂时放弃自己的任务，当然他们最好可以礼貌地祝福对方找到了合适的产品和服务,并且希望双方可以在下一次进行合作,这样的表态可能会为下一次的销售奠定基础。

专注：做好自己的本职工作

娃哈哈的创始人宗庆后在创业初期，为了确保销量，一年之中几乎有200天都处于一线，直接收集市场上的相关信息，对消费者的消费需求进行了解。为了提升市场反应能力，宗庆后直接将面包车当成了办公室，车子开到哪里，就在哪里办公。不仅如此，他还用传真的方式遥控全国市场，真正做到了即时性。在工作中，他总是表现得热情四射，不知疲倦，在很多时候，他比一般的销售员还要拼命，比一般跑市场的人更加专注。

销售工作是一项比较枯燥的工作，工作者往往需要保持强大的定力和专注度，才能将自己的工作做好。这是一条颠扑不破的定理。一个销售人员想要获得成功，不仅仅需要打造良好的产品和服务，不仅仅需要打造完善的沟通体系，更重要的是专注。销售人员必须向顾客展示自己愿意出售产品、愿意沟通的想法，必须向顾客展示自己在工作和服务中的出色态度——尽管工作很艰难，但是我们会非常投入，我们会始终保持热情。无论是对企业还是销售员个人来说，都需要依靠专注来赢得主动权，赢得更多的市场。

在日常生活中，常常会看到一些销售人员态度冷漠，当顾客询问产品款式、质量和性能的时候，他们总是表现得漠不关心和无动于衷。很多店员在店面里玩手机、聊天，即便客人来了，也不会完全放下手机，他们不会跟在顾客身边，不会主动替顾客介绍每一种心仪产品的性能，也没有兴趣去引导对方做出购买和消费的决定。更多时候，他们端坐在服务台或者自顾自地做事，完全没有引导和互动的意愿。或者经常在互动中被其他事情分神，在销售活动中被一些外在的因素分散精力和思维。类似的表现往往会让顾客产生误解："这家店是不是不想卖东西给我，或者不欢迎我的到来？""店家是不是对开店没有什么兴趣了，卖不卖都无所谓了？"

一些开店的人会说，"反正东西卖不出去，不如先关门几天""反正没有人会光顾这里，倒不如先出去做点儿其他事情"，他们的专注度仅限于顾客购买产品的过程，或者明确了顾客即将购买产品、获得绝对的肯定之后，他们才愿意认真介绍自己的产品。由于没有足够的耐性，没有足够认真和专注的服务态度，很多人都会在销售工作中陷入困境，而这种困境并不仅仅来源于产品的质量和品牌，不仅仅来源于营销渠道，更在于销售员忽略了这份工作的重要性，他们并没有真正将本职工作做好。

如果销售员无法长时间保持专注，可能就会错失一些重要的信息。顾客的言行举止往往会释放出一些比较明显的消费信号，顾客是否想要购买，是否有顾虑，是否透露了自己的喜好和需求，是否提到了一些重要的建议，是否抱有某种期望，是否对销售活动有成见，对于这些信息，只有保持专注的人才能把握。

人们经常会谈论专注力，而真正意义上的专注力并不是专注一分钟，不是专注一个小时或者一天，而是要在整个销售项目中保持专注，它在时间上具有相对的持续性。而想要在销售工作中保持专注，的确需要付出别人难以想象的艰辛，付出更多的时间和精力，需要强化自己的自律能力。专注无关热爱和信仰，无关个人的情感输出，它更多时候建立在责任感的基础上，可以说具有强大责任感的人，必定会拥有更为强大的意志力。而一旦销售人员在销售过程中表现得不够积极，他们的举动就会慢慢脱离行业的本质和工作的义务，这是一个非常危险的信号。

第三章　意志力销售就是全方位提升自我

想要在销售过程中保持专注，那么首先就要对自己的工作定位有一个明确的认识。很多时候，销售员没有对自己进行一个明确的定位，即自己是谁（扮演的角色是什么）、自己要做什么（从事什么工作）、具体的行为模式是什么（销售什么产品，销售哪种类型的产品）。了解自己具体做什么并明确这个定位，对任何销售员来说都非常重要，尽管有时候人们会觉得有些多余，但是在销售活动中，更为清晰的定位有助于帮助人们寻找更为清晰的边界，即专注于自己的本职工作，避免销售活动受到外在的干扰。这种边界设定更多时候是一种强烈的自我约束，既然自己选择了做这一行，就要一心一意地投入进去，不能马虎行事，不能敷衍了事，不能当成一个负担来对待，更不能轻易滋生"我现在已经不适合干这个""我不想做这个"的想法。

钝感力：在困难面前保持强大的定力

某企业想要进入南美市场，结果遭遇了重重困难，由于南美的气候原因，很多市场部的销售员都出现了身体不适的症状，加上加拿大一家企业在当地经营多年，具有比较好的品牌知名度，因此想要打入这个市场难上加难。这家加拿大公司一直都在鼓动当地民众排斥这家企业，并且污蔑他们的产品都是假货，一时间，让这家企业的扩张之路蒙上了阴影。

其实早在几年前，就有一些外来公司准备拓展当地市场，可是遭遇了类似的挫折，在竞争对手的攻击下，在当地民众的排斥下，它们最终选择离开。但这家企业的市场部负责人下达了死命令，要求市场部员工必须排除一切外在干扰，保持一颗平常心，就像在其他地方开拓市场一样，必须完成任务。

尽管压力重重,但是整个销售团队每天都表现得非常快乐和自信,所有队员都认真完成任务,没有人对外界的污蔑做出回应,没有人对销售过程中的障碍抱怨,整个公司的宣传和销售活动就像平时一样展开,看起来就像什么事情都没有发生一样。就这样经过了两年的挣扎期,该公司终于获得了南美地区合作商和民众的认同,实现了崛起,并在短短5年内就拿下了该地区54%的市场份额,成功反超了加拿大的公司。

日本作家渡边淳一写过一本书叫《钝感力》,书中对钝感力作出了定义:"所谓'钝感力',即'迟钝之力',亦即从容面对生活中的挫折伤痛,而不要过分敏感。当今社会是一个压力社会,磕磕绊绊的爱情、如坐针毡的职场、暗流涌动的人际关系,种种压力像有病毒的血液一样逐渐侵蚀人的健康。钝感力就是人生的润滑剂、沉重现实的千斤顶,具备不为小事动摇的钝感力,灵活和敏锐才会成为真正的才能,让人大展拳脚,变成真正的赢家。"

从某种意义上来说,钝感更像是一种应对逆境和挫折的超级情感,一种出色的理性思维,或者是一种排斥和隔绝外在刺激的自我保护机制。很多时候,人们容易在接二连三的挫折和纷繁复杂的工作中丧失耐心和信心，而保持钝感，可以帮助人们更好地适应充满压力和危机的生存环境，可以帮助人们过滤和净化外来的不良刺激。

比如有的销售员在第一次工作的时候遭遇了严重的挫折和失败，这个时候他产生了自我否定和自我放弃的想法，这会对他之后的销售工作产生负面影响。而那些有钝感力的销售员会主动淡化挫折和危机的影响，会淡化自己在挫折中的痛苦体验，或者说从一开始就没有将这些失利放在心上。

保持钝感的人往往比较乐观积极，他们在工作中的情绪更加正面，并且拥有强大的自我调节能力，这种状态对于很多销售员来说非常重要，对于一个企业来说，更是不可或缺的一种精神特质。

许多人都会发现，在可口可乐公司的销售广告中，总是充满着积极、欢乐、无忧无虑的氛围，可口可乐公司的销售员也经常表现得很快乐、很积极，这些状态使得这个品牌始终带给人们一些正面的信息。在20世纪经历的几次经济大萧条中，许多公司和品牌相继倒闭，一些企业由于无法忍受糟糕的销售环境，也忍痛退出市场，但是可口可乐一直都表现得非常顽强和乐观，销售员就像没事发生一样继续他们的产品营销和宣传，继续在广告上展示他们经历的美好生活的一

第三章 意志力销售就是全方位提升自我

部分。有些投资人曾这样评价可口可乐:"无论天气多么恶劣,竞争多么激烈,甚至在今天经济如此萧条的情况下,可口可乐的需求量仍是与日俱增。"

也许很多人没有注意这一点,大多数饮料在冬天到来时会进入销量的淡季,一些饮料品牌的销量甚至可以用惨淡来形容,但是可口可乐是个例外,它一样可以在坏天气的时候抓住消费者的心,而依靠的就是那一份销售中的钝感。

据说,可口可乐公司在成立的第一年,只卖出了25瓶可乐,虽然这个数据后来被证实不可靠,但是在第一年,可口可乐公司的确可以用惨淡经营来描述。当时市场上几乎没有人对这种新型饮料感兴趣,几乎没有人认为这种饮料会比酒精更让人开心,一些人还取笑可口可乐公司发明了一种怪胎饮料,他们认为这样的东西不配进入市场,而且迟早会消失得无影无踪。但是可口可乐公司对此置若罔闻,他们并不关心他人的批评,并不关心第一年的生意多么不堪入目,销售员坚信自己的产品会被更多的人接受。

1923年,罗伯特·伍德鲁夫走马上任,成为可口可乐公司的第二任董事长兼总经理。在进入公司之后,他提出了一个令人震惊的口号:"要让全世界的人都喝可口可乐!"在那之后,他开始加大宣传和推销的力度,开始注重销售技巧，开始认真研究如何去迎合市场、开发市场，并且设立了"国际市场开发部"，正式进军国际市场。可口可乐很快就在全球市场大展拳脚，罗伯特·伍德鲁夫的耐心和策略获得了回报，而当人们赞美罗伯特·伍德鲁夫，忙着给他加上各种王冠时，这个优秀的掌门人却笑着说："我不过是个推销员。"罗伯特·伍德鲁夫的确是一个推销员，但他的销售能力、销售意志堪称大师水准，正因为他的坚持和努力，可口可乐一举被推上神坛，并且至今仍是世界上最出色的饮料公司。

钝感力有两个支撑因素，第一是自我认知能力，即销售员意识到自己有能力做到某件事，有能力改善目前的销售窘境，有能力去获得最终的成功，所以并不急于给自己施加太多的压力，并不会让负面情绪捆绑自己、摧毁自己。通常有钝感力的人都有足够强大的能力和意志来解决眼前的挫折和困难，他们会以一种"不在乎"的状态应对一切。

第二种就是自我激励。每当销售员遭遇挫折的时候，他们就会给自己一些正面的、积极的推动，就会激励自己继续前进。拥有钝感力的销售员往往拥有更为强大的心理素质。

对于销售员来说，掌握这两个支撑因素，就是提升意志力的有效方式。

04
第四章

销售本身就是一种博弈

当双方无法在一开始就达成一致,销售员面临巨大的阻力时,销售员应当适当放慢自己的脚步,采取迂回的策略,更加聪明地寻求说服对方的方法,而不是依靠蛮力和无谓的坚持消耗精力。

意志力并不意味着鲁莽的对抗和盲目的坚持

在谈到意志力的时候,更多时候人们将其理解为在困难条件下的坚持,或者说在一些违背个人意愿下的忍耐,或者说是对自身行为的控制和约束。意志力的出现往往伴随着压力和挫折,伴随着一些个人难以控制的状况,因此意志力类似于抗逆力或者抗压能力,可以说抗逆力是意志力的一种常见形态。

而在人类发展早期,人类的意志力以及对于环境的心理承受能力非常有限,而且非常不稳定,在面临生存困境的考验时,会进行盲目而消极的应对,导致生活质量很低。可是随着外界的不断刺激,人类的经验不断加深,抗压能力和忍耐能力也变得越来越强大,各种影响生存的因素慢慢降低威胁,而人类的高级心理机制开始不断完善,这个时候,对意志力的依赖就会增加，对它的运用也越来越纯熟。

在现在的商业竞争中，销售员可能会面临一些强大的对手，也会遭遇严重的威胁，在面对这些强大的对手时，一样需要强大的意志力作为支撑，但这种意志力不仅仅只是死磕到底的气势，不仅仅只是斗争的勇气，还体现在策略上，即如何想办法让自己更加顺畅地说服顾客。

有时候销售要比想象中的更加复杂，但销售的本质就是一种沟通，沟通好了，销售就会更加顺利，沟通出现问题，产品质量再好也没用。博恩·崔西说过，"我能将东西卖给任何人"，这并非是他的产品有多好，而是因为他的沟通能力很强，而沟通本身就需要意志力，需要运用各种技巧作为铺垫，强化意志力的功效。

最简单的例子就是当销售方和购买方无法达成一个令双方都感到满意的价格时，销售进程就会受阻，此时盲目坚持不一定会有效促成交易，当双方坚持要求对方满足自己的要求且不准备做出任何让步时，销售就会慢慢陷入死局。这个时候，如果不能对形势有一个明确的认识，不能对自己的处境和筹码做一个详细的分析，那么恐怕很难在销售中真正获得满足。千篇一律的销售模式往往会让人觉得过于呆板、缺乏弹性，人们需要想办法更聪明地推进自己的销售计划，因此需要通过有效的沟通来达成目标。

比如，A公司与B公司初次做生意，A公司坚持以600万元的价格购买货物，而B公司则认为卖价至少为650万元，在谈判的时候，B公司绝对不能提出650万元的价码，而应该向对方狮子大开口，将价格提升到700万元左右。为什么要这么做呢？主要原因在于销售方的地位和处境。一般情况下，对于销售者来说，他们能够做的只有降价，而不是抬价，可以说在多数时候，销售者都处于一种不断降价的模式，他们不会长时间保持价格不变，更不可能无缘无故提价。因此从整个谈判过程来看，降价是必然的，而且这种降价可能不会一次性完成，如果直接报价650万元，那么经过一番讨价还价，最后的结果可能变成了620万元或者610万元，又或者双方因为互不退让而导致销售活动失败。将价码提高到700万元后，即便对降价幅度进行折中处理，也不会直接降到太低的水平上，为了维持基本的平衡，购买方往往也会同意650万元的最终方案。

从700万元降到650万元的过程往往就是一个依靠意志力博弈的过程，这种意志力比硬着头皮，坚定自己不可动摇的

|| 意志力销售法

"650万元是我的底线"的口号更加有效。这种方法更加注重技巧，但是并没有忽视意志力的作用。如果一个人没有足够的意志力，他完全可以将事情简单化，"要么650万元成交，要么一拍两散，取消交易"，但这样的说辞无疑会将销售工作彻底搞砸。

销售活动中通常都会遭遇阻力，这些阻力都是正常的，最重要的是在坚持抵抗阻力的前提下如何更为合理地解除障碍，如何更巧妙地让自己完成销售任务，实现销售目标。对于那些有经验的销售员来说，他们通常并不害怕拉锯战，甚至有意将谈判引向拉锯战的局面，并且运用一些谋略来赢得必要的胜利。

坚持是一个优良的品质，但是坚持并不意味着固执己见，当销售活动陷入僵局的时候，人们要做的重点并不是坚持自己的立场，而是想办法打开局面，达成一致，而在达成一致的过程中，则需要借助一些策略来减少自己的消耗，避免自己陷入被动。

从某种意义上来说，销售更多时候是一个斗智的行为，更多时候侧重于心理层面的交锋，销售员必须准确把握好顾客或者客户的心理，了解对方的真实需求和想法，了解对方在谈判过程中每一个阶段的状态和变化。当双方无法在一开始就达成一致，销售员面临巨大的阻力时，销售员应当适当放慢自己的脚步，应当采取迂回的策略，更加聪明地寻求说服对方的方法，而不是依靠蛮力和无谓的坚持消耗精力。

‖ 意志力销售法

循序渐进，一步步挖掘顾客需求

著名的推销训练大师汤姆·霍普金斯在多年的工作生涯中总结出了一套非常实用的销售方法——NEADS法，这个方法本质上是一套很有技巧的沟通模式，目的就是逐步接近顾客，并同顾客建立更为亲密的关系，从而为接下来的推销奠定基础。

N是指现在（Now），即什么是对方（顾客）现在所拥有的，这种拥有不限于对方拥有什么样的消费品，或者有什么样的消费经历，它还包括了职业、资源、经验、习惯以及其他一些基本信息。比如销售员可以了解对方的日常消费模式、消费习惯和购买产品的倾向，通常情况下，销售员可以问得比较细一些，比如了解对方平时购买和使用什么产品，这些产品是什么样的品牌，基本上隔多久使用该产品，了解顾客当前的消费模式对于接下来的销售活动非常重要。

E是指享受（Enjoy），是指享受的产品和服务，具体是说顾客现在所使用、所拥有的东西中，喜欢什么，不喜欢什么，一般是如何进行选择的，选择的标准是什么。销售员应该从交谈中整合出有价值的信息，然后对这些信息进行深度分析，从中找到对方的兴趣爱好，把握顾客消费的一些倾向性和规律性。

A代表改变（Alter），主要是指个人对于消费的期望，一般来说，销售员需要明确了解对方所使用、所拥有的东西中，最希望改变的是什么，最希望获得什么，最希望哪里做出改变和完善。了解顾客的意愿和期望，可以有效挖掘出对方更深层次的需求，并通过这些需求做出调整，找到新的商机。

D代表决策者（Decision-maker），是指谁才是最后的决策者。了解顾客的需求和想法只是一个基本的铺垫，它并不意味着顾客就会心甘情愿地在销售员的游说下购买产品和服务，销售员想让对方对自己的产品感兴趣并下定决心购买，但是总有一些外力在阻止他们做出最终的购买决定。比如一些顾客在明确表达自己喜欢某些产品并对这些产品产生购买意向后，却说"这件事事关重大，需要请示一下丈夫或者父母""我不知道家人会怎么想,因此我觉得应该先回去问问他们的意见""我一个人恐怕还做不了主,你容我回去和妻子商量一下"。对于销售员来说,找到这个最终的决策者是吸引顾客掏钱的另一个关键环节。

S代表解决方案(Solution),这是推销产品的最后一步,销售员为了让顾客放心,为了稳固顾客购买的决心,就需要及时表明自己能够给对方提供什么样的服务,能够为顾客带来什么样的非凡体验。有时候,也指销售员能够为顾客提供解决心理障碍的方案,比如当顾客认为价格不便宜,家人不同意时,销售员可以选择适当给予优惠。

NEADS就是一个逐渐引导和吸引顾客购买产品的过程,在这个过程中,销售员应当坚持循序渐进的原则,保持战略耐性和战术耐心,不要一开始就试图去说服对方购买自己的产品。与其突兀地给顾客施加压力,倒不如多花点儿时间先建立起比较稳定的沟通,建立起最基本的信任关系。从信息收集到需求分析,再到提供解决方案,销售员的目的就是一步步挖掘对方的想法,了解对方的思维模式,让对方逐渐接受自己的产品。对于那些意志力不足的销售员来说,有可能因为单刀直入而导致前功尽弃。

通常销售员都会显得过于看重销售的结果,只要顾客一

第四章 销售本身就是一种博弈

出现，就会直接推销自己的产品，比如询问对方需要什么，是否想要购买产品，想要购买什么产品，他们会喋喋不休地介绍各种类型的产品，描述产品的优势，他们甚至不厌其烦地一下子拿出几样不同类型和款式的产品供顾客选择。这种推销模式往往属于过度营销的一种，也很容易引发顾客的反感，而这种过度销售产生的本质就是销售员过于急切地想要将产品推销出去。

但是对于顾客来说，类似的介绍总是让人抓狂。有很多顾客并没有一个明确的购买计划，有时候他们只是突发奇想地想要买点儿东西，有时候走进店里只是单纯地想要看看有什么适合自己的商品，有时候只是单纯地听到朋友的介绍，然后在好奇心的驱使下看看产品。当顾客的购买欲望还没有激发出来时，销售员喋喋不休的介绍无疑会赶跑顾客。按照心理学家的说法，当顾客进店之后，往往需要1~3分钟的时间来适应新环境，在这个适应的过程中，他们并不希望获得太多的打扰，有时候让顾客在店里走动走动，挑选一下，或许才能更好地进入销售主题。

博恩·崔西是一个非常高效的推销员，作为一个出色的推销员，他有着异乎寻常的耐心，无论顾客是否购买产品，他都会保持良好的沟通状态。他愿意花很多时间在顾客身上，愿意同他们谈论一些同产品无关的事情，生活、家庭教育、工作或者旅游之类的事情，也会谈论球赛，或者其他任何一个可能引起对方兴趣的话题。

崔西不是那种咄咄逼人的销售员，自从顾客出现在面前之后，他就不会像其他人一样死死咬住不放，不会像其他人一样巴不得将自家产品全部列举出来。多数情况下，他都会保持一种被动姿态，让对方进行自由选择和判断，给对方一种自主的安全感，然后通过各种看似无关的话题来吸引对方的关注，拉近彼此之间的距离。

许多经验丰富的销售员都会注意这个问题，他们非常注重自己的销售方法和过程，很有耐心、很有章法、很有计划地推动自己的销售工作，绝对不会直接问对方想不想购买产品，问对方有什么要求和条件，他们善于通过循序渐进的方式来实现自己的目标。

打好广告，进行病毒式营销

娃哈哈公司最初生产和推销营养快线时，并没有被市场认可，很多人认为想要获得营养，直接喝牛奶或者一些奶制品就行，没有必要喝营养快线。在很长一段时间内，很多人都觉得娃哈哈公司在营养快线这个产品上出现了策略性的错误，以至于公司的产品一直卖得不好，甚至面临退出市场的风险。各种嘲讽的声音、质疑的声音铺天盖地席卷而来，就连顾客走进商店后，也会对这样一款不伦不类的产品进行吐槽。

面对不景气的销售市场，宗庆后并没有气馁，他意识到这种新的产品想要被大众接受需要一段时间，意识到大众的认知需要一个更长的调整期，所以他要求销售人员必须不厌其烦地介绍营养快线的特色和优势，需要想办法强化销售的

‖意志力销售法

力度。在最艰难的时候，宗庆后增加了一倍的广告费，在电视台频繁播放广告，最终扭转颓势，成功将产品推销给全国的消费者。

相比于娃哈哈，国内另一家公司对于广告的投放更加大胆，更加执着，而这种执着就是建立在"视觉和听觉的轰炸"基础上的。史玉柱当年创办的巨人公司倒闭之后，一度陷入低谷，但是他很快又找到了新的商业门道，那就是营养品，于是先后创立了脑黄金和脑白金系列品牌。事实上，当年的脑白金广告曾被人大肆批评和抨击，很多业内人士都认为这个广告毫无创意，土得掉渣，很多人在网上将其评为"第一恶俗"广告，但在大家一致不看好的情况下，该产品很快风靡全国，成了销售额达到几十亿元的大品牌。史玉柱更是从失利和破产中顺利崛起。

为什么一个被人完全不看好的品牌会顺利产生几十亿的价值呢？其中一个很重要原因就在于广告投放，为了尽可能引起消费者的关注，史玉柱花费大量资金在电视台投放广告，并且采取轮播的方式，重复地出现在观众面前。在一些晚间黄金档的电视节目间隙，就会出现脑白金的广告，这让很多人觉得很愤怒，但是这来来回回重复播放，使得更多的人了解了它的存在。而且由于"今年过节不收礼，收礼只收脑白金"的广告词朗朗上口,很快在社会上传播开来,变得家喻户晓,甚至连小学生也能非常流利地读出这两句广告词。而这个时候脑白金的宣传策略也就真正做到位了,它已经建立了最强大的品牌传播群体,也就是收看广告的每一个观众。

当广告近乎病态地被播放时,整个广告活动反而收到了意想不到的宣传效果。史玉柱在谈到脑白金的销售时说过这样一个特殊的理念:"不管消费者喜不喜欢这个广告,你首先要做到的是给人留下深刻的印象。能记住好的广告当然最好,但是当我们没有这个能力时,我们就让观众记住坏的广告。观众看时很讨厌这个广告,但买的时候却不见得,消费者站在柜台前,面对那么多保健品,他们的选择基本上是下意识的,就是那些他们印象深刻的。"

有关病毒式营销的方法,许多人都不会陌生,无论是电视台的广告还是商场门口的促销传单,又或者是大量重复的广告邮件,这些都可以称为病毒式营销。通常人们都会对此感到反感,都会以一种批判和鄙夷的态度来面对它们,但是无论是喜欢还是讨厌,都会形成一个比较强烈的记忆,这种记忆会帮助产品和品牌进行有效宣传。在一个追求流量的时代,如何有效把握人们的印象和记忆变得非常重要,通过口

意志力销售法

耳相传和制造必要的舆论，产品会产生非常好的宣传效果。

病毒式营销是企业和产品意志力的体现，即通过提升广告的频率和强度来吸引顾客的关注，从而顺利挖掘市场。在整个过程中，宣传策略非常重要，销售人员或者商家会重复不断地播放广告和进行宣传，这样的频率大大超出了正常的广告宣传模式，对于消费者来说会形成一种视觉压力或者听觉上的压迫感，会让人产生一种不适应感。相比于人们常说的"广告营销应当让消费者产生愉悦感"的观点，病毒式营销反而更能够体现销售的一些本质性特征。

尽管多数消费者都会对这种销售方式感到无语，但不可否认的是人们经常会受到它们的引导。如今，谈论最多的就是信息，在一个信息爆炸的时代，人们很难抓住消费者的眼球，很难制造出一款让人过目不忘的爆品。在这样的大环境下，适当增加信息的输出量，强化信息输出的单一频道，往往能够有效保证信息的传递和影响力。

不过，病毒式营销指的是方法和策略，它也有一个底线，那就是广告销售的频率不能完全脱离实际，如果一个企业的品牌宣传做到了每天不停播放，那么看起来就像是电视购物频道一样，这样的冲击可能会让品牌形象下降几个档次。而且在销售的过程中，人们必须意识到一个问题，那就是整个广告宣传的价值观，广告的主题必须符合社会主流价值观，必须避免违反法律、道德以及一些社会风俗和文化，避免引起消费者强烈的不满情绪，避免伤害消费者的感情。对于任何一个品牌来说，这是一个最基本的底线。

‖ 意志力销售法

适当重复多次，就可能以假乱真

刘易斯·卡罗尔曾经说过："我已经说过三遍了，无论什么，只要我说过三遍，就是真的。"这句话在广告营销中同样适用，许多顾客常常会对产品的品牌提出质疑，会对产品使用的最终效果持否定态度，尤其是对一些相对陌生的品牌和产品，他们更容易陷入一种对未知事物惯有的恐慌中，而这种恐慌心态无疑会影响他们对于产品的正常判断，对销售员和商家来说，也无疑增加了宣传和销售的难度。

打破这种思维惯性的方式有很多，但是比较直接的一种就是主动宣传，并且尽可能重复多次，通过次数的增加来强化自己的立场和原则，给顾客带来更多的肯定性的答复。在心理学上，有一个著名的戈培尔效应。戈培尔认为，重复是一种力量，谎言重复一百次就会成为真理。换言之，当人们重复说一些不合理、不科学、不符合实际的言论时，无论这些言论多么荒谬，到最后都可能会影响听众的判断，成为听众眼中的真理。戈培尔效应实际上就是一种心理累计暗示，通过连续不断地重复同样一个观点，这个观点每次都会在听众心里留下一定的记忆，等到记忆累积到足够的程度时，这个观点就会潜移默化地被对方接受，就会被对方认为是一个非常得体且合理的观点。

在日常生活中，当他人或周围环境以言语或非言语的方式，含蓄、间接且频繁地向个体发出某个信息时，个体会无意识地接受这种信息，并且会因为受到必要的指引而采取一些不合理的行为。从心理学的角度进行分析，任何一个人的判断和决策都源于人格中的"自我"，只要"自我"对自身需求进行分析，并综合环境的限制，就会做出相应的判断。如果一个人的"自我"人格不够完善和发达，甚至存在明显的缺陷，就会在判断中失去控制，或者缺乏明显的判断力，然后容易受到外在言论的影响，容易被外在的声音引导和控制，而这种没主见、不独立的行为方式也容易被人利用。

对于销售人员来说，当顾客不相信自己的产品时，可以避重就轻，抓住一个方面，吸引消费者的注意。比如劳斯莱斯在销售汽车的时候，往往会强调一句"纯手工打造"，这是一个很好的噱头，可以彰显出"精益求精""细节到位"的特质，但是稍微有点儿头脑的人都知道，一辆汽车完全依靠纯手工是不可能完成的，很多配件也不可能纯手工打造出来。但是多年来，劳斯莱斯有关手工打造的"复古"和"传统"形象深入人心，就是因为它的销售策略起到了效果。

某咖啡品牌会强调自己的咖啡豆全部是手工研磨的，这样的广告同样有些蹊跷，依靠手工研磨，咖啡粉生产的效率很难跟得上。某饮料公司声称自己的产品在过去十年一直销量领先，甚至精确到了多少杯，但消费者并没有这样的精力和能力去验证这些数据，久而久之就成了一个明确的宣传点。一家专卖店会强调某个好莱坞巨星曾经购买了自家品牌的产品，而且还成了回头客，或者说自家产品受到很多好莱坞明星的喜爱，一开始这些故事或许并不会引起太多的关注，消费者也不太相信这样一家小店会引来身家万亿的明星们的光顾，但是当商家经常对顾客强调这些事情后，消费者会慢慢接受这些说法。

在销售中，舆论的作用往往非常重要，一件根本不存在或者没人知道它是否存在的事情，经过反反复复几次传播后，往往就会混淆视听。一个商品不具备某个特征，或者这个特征并不清晰明确，在多次强调和宣传下，也会变成引爆消费者兴趣的一个卖点。这是一个非常高明的心理游戏，也是一种非常高超的销售技巧，可以有效强化某个品牌和产品的知名度。

正如某个广告营销专家所说的那样："无论是正常的电视广告还是购物广告，其本质就是讲故事，通过适当的故事重播来引起消费者的注意，当故事被强调几次之后，消费者会记住广告中的那些卖点并慢慢接受它们的存在，接下来，在很长一段时间内，他们会坚定地认为这些卖点会给自己带来更多真实的体验。"

需要注意的是，这里的重复多次并不是病毒式营销，而是一种相对坚定的立场表达，通常更像是一种对产品和品牌的解释，掌握解释权的销售方必须有效地控制好自己的方式、节奏和频率，尤其是频率，毕竟一个观点或者一句话解释多遍就会显得过于牵强和刻意，反而让人觉得不够真实。就像一个陌生品牌进入市场之后，很多消费者可能会产生质疑，他们无法把握产品的性能和质量，无法对产品是否会产

|| 意志力销售法

生负面影响做出评估，也无法了解这个品牌的最终价值和建立在这个价值基础上的价格。面对质疑的时候，销售员应该有一套比较完整的解说体系，在这套体系中，销售员或者商家可以强化自己的立场，可以针对疑惑进行解释，而且是不厌其烦地进行多次解释，但是这种解释必须得到适当控制，不能变成一场辩论赛。

而且相比于病毒式营销中的广告轰炸和产品宣传，重复某个卖点的销售行为往往是有的放矢，销售方会重点强调产品和服务的某一个卖点，比如安全、营养、健康、高效、独特、科技感、奢华等。通过对某个点的强调，来提升产品的价值。

这种销售和宣传策略在竞争方面同样有效，当年苹果公司和IBM公司一直都在争夺电脑市场，为了提升销量，乔布斯开始有意无意地在广告中"贬低"老对手，将IBM塑造成一个大反派。比如1984年，乔布斯雇用了《异形》和《银翼杀手》的导演雷德利·斯科特，以90万美元创作了一则60秒的广告，将蓝色巨人IBM描绘成小说家乔治·奥威尔小说中令人感到不详的"老大哥"，之后又投入80万美元将其投放在超级碗（橄榄球比赛）。由于接二连三地进行这种略带攻击性的广告，消费者慢慢接受了销售广告中的思维，将IBM

当成超级坏蛋,而将苹果公司当成了救世主和英雄,也正因为如此,苹果公司电脑的销售量一直不断提升。由此可见,这一类重复性的广告同样能够产生良好的自我宣传效果。

先尝试着卖出去一件小东西

有个推销员一直都在努力推销自己的医疗设备,可是没有人愿意购买,医院采购部的负责人总是推说医院不需要这些东西。在三个月的时间里,他没有卖出去一件产品。这让他感到气馁,觉得自己不是做销售的料。

有一天他沮丧地坐在一家医院门口,刚好被一位医生看见了,两个人很快攀谈起来。这个时候医生给他提了一个建议:"你的医疗设备动辄几万、几十万,想要让别人相信并购买,显然有点儿难度,这需要很长的时间,你不妨先尝试着卖一些几十元、几百元的医疗小工具看看,效果也许会好一些。"

听了医生的话后,推销员立即从公司拿了一批医用的电灯、剪刀、小推车以及一些多功能的小产品,结果短短一周,就卖出去两个产品,虽然业绩依然不好,但是相比之前有了很大的进步,也算是一种突破。更重要的是,一个月之后,购买产品的两家医院觉得产品非常好用,于是按照推销员提供的名片打来电话,询问大型医疗设备的价格,推销员趁机推销出去几台大型设备,并就此打响了公司的品牌。

为什么推销员改变策略之后就能够吸引顾客的注意呢?

心理学中有一个著名的效应:层递效应。大致是说当人们对他人提出一个较高的要求之前,不妨先提一个更容易被对方接受的小要求,等对方欣然允诺并满足这个要求之后,再顺势提出一个更高一点儿的要求。由于之前接受了小要求,对方为了寻求前后一致,往往会倾向于接受更高的要求。简单来说,人们可以通过一些小要求来推动大要求的满足,因为每一个要求的满足都会成为对方接受下一个更大要求的推动力。

在销售工作中,推销员通常都显得比较急切,他们更希望自己能够在短时间内卖出产品,更希望不费吹灰之力就可以让顾客掏钱,而且希望顾客能够花更多的钱买贵重的产品,这种迫切的心理使得销售员缺乏必要的耐心和自制力。有人曾做过一个实验,让销售员分别出售一件价值70元的毛衣和一件价值700元的毛衣,当顾客表示对这两件产品都有一定的兴趣时，销售员大都会将注意力集中在700元的毛衣上，他们迫切地希望将更贵的衣服卖出去，因为这样他们的提成会更高，他们却忽略了一点，当他们期待着顾客掏更多的钱时，也意味着销售难度会更大。

在销售工作中，急功近利往往是一个大忌，销售员并没有真正意识到自己需要按照步骤行事，没有意识到销售本身就是一个需要逐渐推进的过程。当他们都将注意力集中在一个更高的目标上时，显然忽略了顾客的消费心理。在一个物质丰富，产品越来越多，竞争越来越激烈的时代，顾客始终都是挑剔和谨慎的，他们不太可能轻易被说服，品牌观念、生活习惯、消费模式都会迫使他们和那些不太熟悉的产品、贵重的产品、新颖的产品保持一定的距离，而这种距离的拉伸建立在他们有机会寻找其他替代品的基础上。

对销售员来说，在向消费者提出某个要求，或者推销某个产品时，需要考虑消费者的心理和大众思维，因此聪明的做法就是先尝试卖出一个小产品，毕竟很多消费者拥有"小产品花不了多少钱，即便不好用也亏不了多少，好用的话就赚了"的想法，这是一个相对友好和温和的试探举动，对于消费者的压迫感比较低，消费者不太可能产生太多的顾虑，因此更容易被说服。

第四章 销售本身就是一种博弈

当小产品或者小服务顺利推销出去之后，推销员就可以顺势推销更值钱的产品，就可以在顾客面前进行更高层次的销售活动，推销更多或者更高层次的产品。比如许多销售员每次见到顾客进店之后，就想着让顾客购买全套的服装，他们会殷勤地给顾客进行配套，将衬衣、外套、裤子、鞋子、袜子全部都搭配起来，但是对于顾客来说，可能很少有人会一次性购买这么多东西，而且往往一算总价，顾客就会打消这个念头。无论推销员说这种搭配如何好，也难以让顾客下定决心。

如果销售员能够巧妙地将所有的产品割裂开来处理，情况就会变得乐观一些。销售员可以重点推荐一款不错的外套，相比于成套产品的推荐，推销衣服的成功率显然会更高一些。当衣服卖出去之后，销售员可以顺势聊起裤子，认为这件衣服最好搭配一条合适的裤子，这样才显得更好看，也更有整体性，此时顾客往往更容易被引导，当裤子和衣服搭配成功之后，也许销售员可以适当地引导对方不妨选择一款更为合适的鞋子。

很显然，一开始顾客或许并没有将裤子和鞋子列入购买计划，这时贸然进行整套推销的做法很有可能遭到顾客的拒绝，甚至引发顾客的不适反应。但是以推销衣服为切入口，销售员可以耐心地推进自己的销售计划，一点点将相关产品之间的联系建立起来，并且以温和的、自然的方式逐渐赢得顾客的承诺，然后巧妙地为自己赢得更多的销售空间。

这是一个非常实用的心理战术，在生活中非常常见，诸如谈判和下达指令都是如此，一开始就试图给他人施加压力，或者试图要求他人做某事或者满足某个要求，往往容易引发强烈的排斥，而从一些小要求、小事情做起，容易降低对方的防备心和不适感，无疑会为整个说服工作奠定一个好的基础。

坚持下去，找到产品销售的一个引爆点

美国作家马尔科姆·格拉德威尔曾经在《引爆点》一书中提到了这样一个观念，世界上许多难以理解的流行潮背后的原因就是引爆点的掌握。在格拉德威尔看来，这个世界的任何人、任何事物并没有像人们所看到或者所想象的那样坚固，任何东西都存在引爆点，只要人们找到这个点，就掌握了控制这个事物的方法。

一部机器的异常运转可能是一个小零件的损害导致的；一个大坝的毁灭可能源于小小的蚂蚁；一家银行的挤兑潮也许恰恰是从一个不满意的顾客开始的。这是一种积累，当事物的积累达到一个临界水平时，就会形成一个临界点，这个临界点也容易成为引爆点。

销售工作同样具备引爆点，当人们都觉得销售工作很难

的时候,也许只是没有找到引爆点而已,没有及时发现自己的产品优势或者没有开发出比较合适的销售方法,只要方法得当,或许就可以顺利将自己的产品和服务推销出去。寻找并打造一个引爆点,本身也是一个考验意志力的过程。

而在引爆点理论中,主要包含了三个部分的内容:第一个是关键人物法则,要求人们把握好联系员、内行和推销员这三类关键的人物;第二个是附着力因素法则,按照他的说法,人们在谈论某个话题时,应该选择那些具备一些让人过目不忘,或者至少能给人留下深刻印象的附着力;第三个是环境威力法则,讲述的是重要的外部环境对流行的影响,当某个适合流行的环境产生后,某种流行就会出现。

关键人物法则就是说找到销售的三个关键人物,其中联系员交际广泛,具有广阔的人际关系,因此是传播信息的最佳人选。内行即相关领域的专家或者说达人,他们喜欢分享自己的知识,具有一定的狂热性,这种人善于挖掘产品的价值。推销员主要负责说服他人,他们具有丰富的知识,善于将内行发现的价值进行宣传,并且具备使人信服的沟通能力。如果人们想要制造一个引爆点,那么就需要借助联系员、内行、推销员的能力,将产品尽快分享和传播出去。

附着力因素法则包含的意义很广泛,只要能够引起他人关注，能够让市场和消费者产生兴趣就行，比如想办法制造销售的噱头，包括产品的品牌效应、产品的质量和性价比，产品的价格优势，产品的包装，产品的与众不同，出色的广告，高质量的服务以及其他与众不同的点。

环境威力法则看重的是对销售环境氛围的营造，通过打造一个良好的销售环境，激发市场对产品的需求。比如当所有人都在讨论某个产品时，这个产品的销售自然就获得了关注，市场必定会提前预热来接受产品。

在打造引爆点方面，小米公司一直都是佼佼者，作为一个新出现的手机品牌，小米公司在销售上并不占什么优势，那么小米公司依靠什么来打动消费者购买自家的产品呢？那就是性价比，这是小米公司多年来一直强调的产品特点，也是小米手机最大的卖点。而性价比就是产品的附着力因素，其中凸显出性价比优势的一个重要载体就是"跑分"。"跑分"就是通过相关的跑分软件对电脑或者手机进行测试，以评价其性能。一般情况下，跑分越高，性能越好。

为了给产品造势，小米公司主动投资了跑分工具安兔兔，然后邀请一堆所谓的小米"发烧友"（寻找内行）在网上进行跑分比赛，借助"不服跑个分"的话题在网上充分造势（营造环境氛围），而这种比赛针对苹果、三星等各个手机品牌,通过比赛来突显出小米手机极致性价比的主题。公司也会不定时地为小米手机做宣传,销售员更是在销售产品的过程中不断强化产品的性能和性价比,不断强调小米手机的优势。

其实性价比是一个比较宽泛的概念,涉及产品的各个方面,但是为了服务于自己的产品销售,小米公司将其简化为高配置和低价格的模式。这是议程设置的一部分。"议程设置"是广告学中一个重要的理论,大意是说社会大众传播往往无法改变人们对某一事件或意见的具体看法,但传播者在提供信息、安排相关的议题时,完全可以左右人们关注哪些事实、意见,及他们谈论的先后顺序。大众传播的关键并不在于影响人们怎么想,而在于影响人们想什么。小米公司善用"议程设置"理论来影响大众消费者的想法,使得更多的人相信性价比就是高配置加低价格的搭配。

对于小米公司来说,在创立品牌之初,产品销售一直不理想,而当公司依靠强大的意志力不断推行新概念并大肆进行传播时,顺利挖掘出了引爆点,此时内部的销售能量不断累积,在社会上的影响力也不断累积,最终实现了销售上的突破。

对于企业、商家或者销售员来说,有时候销路无法打开，产品不受市场的关注，并不是因为产品不行，而是因为没有找到引爆点，没有耐心地推动自己的销售计划，没有动用媒体和舆论的资源，也没有选择一个好的切入点，而正是这一切导致销售陷入困境。

05

第五章

生生不息的意志力，以不变应万变

欲速则不达，出色的销售员会将自己的耐性贯穿整个销售活动，尤其是到了交易达成的最后时刻，双方之间的较劲会达到一个非常敏感的状态，稍不注意就可能会失衡。耐心的举动往往可以帮助销售活动平稳地结束，避免在关键时刻丧失主动权。

第五章 生生不息的意志力，以不变应万变

抓住最大的盈利点

许多人经常会去麦当劳用餐，而麦当劳的主打产品就是汉堡，汉堡成了麦当劳最重要的产品，一般来说汉堡的价格为11~12元，这样的价格并不算高，毕竟它的原材料包含了最好的牛肉、最好的面，而且油炸也恰到好处（据说每个汉堡在油炸10分钟后就必须卖掉，否则将会被丢弃），加上人工费、房租、推广费、设备、水电费等成本，麦当劳从中获得的利润几乎低得可怜。

既然如此，为什么麦当劳一直以来都开得如火如荼，而且还要在全世界范围内扩张自己的版图呢？原因就在于汉堡虽然是麦当劳的主打产品，但却不是盈利点和利润的主要来源。那么麦当劳依靠什么挣钱呢？答案就是可乐和薯条，虽然它们看起来不起眼，但是价格比外面的要贵很多，利润空间非常大。为了强化利润，麦当劳会集中从农户手中收购牛肉、土豆和面粉，并且会提供最优质的种牛、土豆种子和小麦种子，提升农户的产量，然后低价进行收购，这样就可以最大化地保证利润。

此外，麦当劳还会刻意打造属于自己的文化，并在麦当劳店周边形成一个独特的商业圈，不断刺激消费者前来消费，从而拉动当地的消费水平，刺激房价上涨。而麦当劳已经提前布局房产，这样它就可以通过人流量和消费水平的增加来带动房地产，从而为自己增加更为丰厚的利润。

麦当劳之所以会打造这样的销售模式和盈利模式，关键在于它能够了解自己的盈利点是什么，并且可以有效把握这个盈利点，在这之前，甚至不惜牺牲一部分利润，这些牺牲掉的利润甚至来源于所谓的"主打产品"。

与麦当劳相似的销售技巧在汽车销售中也非常常见。随着竞争日益激烈，加上技术越来越廉价，汽车销售员卖出一辆汽车的利润正逐年降低，有时候一辆车的提成非常微薄。也许很多人担心汽车销售方会亏本，担心那些4S店会失去生存的空间。但只要对汽车销售的一条龙服务进行剖析，就会发现卖汽车的钱几乎只是整个产业链中的毛毛雨。它们最重要的盈利点在于售后服务，在于产品零部件的出售，在于保险项目。相比于汽车销售这一个项目，这些盈利项目不仅名目繁多，而且具有更大的持久性。因此很多时候，他们并不急于追求一时的利润，而是非常乐意在汽车销售价格上先做出一些让步，愿意沉住气给予购车者更大更多的优惠，等到购买汽车之后，消费者自然会再次到店里消费。

许多公司在销售中往往会免费赠送相关产品，而产品每一年的维修和保养服务，每隔几年的技术更新，每隔几年的配套服务都需要从这家公司购买，这样就确保了其能源源不断地获得利润。这类运作模式无疑比单纯地出售主产品更加高效，盈利更大。在日常销售工作中，人们更加倾向于推销主产品，更加迫不及待地想要在主产品上获得更多的利润，这些利润往往是驱动他们展开销售活动的动力，因此他们很容易沉迷在短期利益当中。而真正出色的销售员和商家善于保持耐性，不会过于在乎短期利益和眼前利益，对他们来说，隐藏在主产品背后的盈利点才是最重要的。

对于销售方来说，最重要的并不是将产品卖出去，而是建立品牌忠诚度与留住回头客，而想要留住回头客，想要让消费者建立品牌忠诚度，就要给予消费者更多好的体验和优质的服务。这里涉及的不仅仅包括了产品的质量、性能、服务，还包括了价格，消费者通常都会希望自己获得的产品物美价廉，希望花最少的钱体验到最好的服务。但是对商家来说，如何确保自己的利润最大化是开展商业活动的目的，这样一来，商家和消费者之间就不可避免地产生冲突。

但这种冲突并不影响商家的盈利，为了尽可能避免冲突对利润的影响，他们会想办法制定一些更加有效的销售策略，削减主产品的利润，着眼于其他方面以及长远利益。即先暂时在主产品上让利于消费者，让消费者获得更多的体验，让消费者产生更大的好感，然后再从其他不起眼的配套型服务中将这些让出去的利润一点点挣回来，而且它们的盈利空间往往更大一些。实际上，那些相关的配套服务往往不可或缺，很多人去麦当劳往往不会拒绝可乐和土豆；4S店中的保险业务、相关的修理和装配也是不可缺少的，它们通常间接地和主产品捆绑在一起。

在这种销售模式中，存在一个比较隐晦的策略，那就是商家和销售员一直都在通过暂时的让利来提升消费者对抗的成本，提升消费者更换品牌的成本。比如很多通信企业会免费给客户安装设备，对客户来说，如果有免费的产品送货上门，自然没有拒绝的理由，自会欣然接受这个品牌。但客户也许并不知道，这些产品的维修和保养控制在通信公司手中，产品升级换代也需要通过通信公司来实现。在接受免费赠送的设备的背后，其实就是接受了一条完善的产业服务链，客户虽然表面上获得了免费的产品，实际上却已经被通信公司捆绑在一起了。对销售方来说，出售产品时也许没有必要过度执着在一时的利益选择上，寻找主产品背后的盈利点，寻找主产品背后的利润空间和溢价空间，或许才是提升销售业绩的重要方式，而关键在于商家和销售人员是否具备这样的耐力和自控力。

以强大的战略耐性把握未来

2005年，苹果公司推出名为 Nano 的新款 iPod，当时这款新产品使用的快闪存储器比市面上任何一种产品都大得多，因此库克认为这款新产品必定会引爆市场，那个时候必定有很多厂商和竞争对手会效仿着推出同类产品来争夺市场。为了避免竞争对手抢夺资源和市场，库克非常明智地进行了一次漫长的部署，在此之前他并不急于推出这款产品，而是巧妙地花费大价钱对资源进行了垄断。那个时候他非常有先见之明地向三星公司和海力士公司这种大型供应商预付了12.5亿美元来订购快闪存储器，此举有效垄断了之后5年的快闪存储器供应市场，以至于苹果公司推出Nano之后，竞争对手们根本无法效仿，因为市场上最好的快闪存储器几乎已经被苹果公司买断了，它们的产量根本跟不上。很多业内人

第五章 生生不息的意志力，以不变应万变

士都为这样的举动叫绝，他们认为在蒂姆·库克加盟苹果公司之前，公司里根本没有人会想到这种出色的策略，没有人会如此不动声色地进行布局。

iPod的成功源于库克出色的战略规划，而战略通常被称为团队发展的指导性纲领，一个优秀的企业或者企业家会制定出色的、合理的战略，从而为整个团队的发展指明方向，但是战略的实施需要强大的战略耐性，它不是一朝一夕就能够实现的，它不是短时间内的设计和要求，而是一个对未来持续发展的完美规划，因此人们不仅要具备制定战略的能力，具备战略性的目光，还应该具备战略耐性，即在制定战略目标和规划之后，形成一种实施的能力和毅力，直到战略目标彻底实现。

许多企业和商家拥有比较完整的战略思维和战略规划，可是却缺乏战略执行的能力，缺乏战略实施的耐性，原因就在于，在销售活动中，战略执行能力和战略执行状态往往会受到各种外来因素的干扰，会受到自身状态的干扰。比如一个商家制定了比较合理的战略目标和战略规划，准备在10年内实现销量进入本地企业前三名。可是这个战略目标一直停留在规划和设计阶段，公司并没有认真执行下去，因为一些人觉得10年时间还很长，慢慢来也不急。还有一些人觉得公

司缺乏相应的资源和技术优势，进入前三名的概率不大，因此并没有多少信心付诸实践。

战略眼光或者战略规划并不等同于销售水平，一些企业有着非常出色的战略规划和部署能力，但是落实到执行层面就变得一塌糊涂。有的人会在制定战略规划后，受制于外在环境的变化而放弃这个规划；有的人会因为自身实力的评估偏低而丧失信心和兴趣；有的人会因为挫折的到来而失去坚持下去的恒心，主动改变计划；有的人在执行过程中，突然做出改变，选择其他的方式，这些都会影响销售目标的实现，都会影响战略的执行。可以说，由于缺乏强大的执行力和执行意志，销售员往往会在销售工作中偏离战略方向，或者主动放弃战略目标。

真正具备强大意志力的人或者企业具有一定的战略眼光和战略耐性，绝对不会在一时一刻上陷入冲动，对他们来说，控制和把握机会才是最重要的，安全稳定地推进自己的战略规划才是最重要的。百事可乐公司最初成立的时候，根本没有任何市场份额，面对可口可乐的垄断地位，它没有多少发挥的余地，很多人都劝百事可乐公司改换其他饮料。但是百事可乐公司的创始人布莱德汉姆却认为百事可乐想要打破可口可乐在全球市场的垄断，最简单的做法就是另辟蹊径,寻找那些被忽略的市场。这个时候,百事可乐公司开始进行战略布局,并且尽量避免被可口可乐公司知道。

在那之后,百事可乐公司一直积极拓展市场,比如它们选择在苏联开辟市场(冷战时期的苏联和美国水火不容,相互防备,可口可乐公司难以进入苏联市场),选择开辟一些不被可口可乐公司关注的市场,开始了漫长而艰辛的销售之路。虽然百事可乐公司不断扩大规模,但是由于长期被可口可乐公司压制,销售情况一直不太理想,百事可乐公司开始寻求更大的突围,即在全球市场上挑战老对手。经过一连串的铺垫和规划,百事可乐不断积聚人气,品牌效应慢慢增加。

1983年,百事可乐公司聘请罗杰·恩里克担任总裁,他一上任就意识到了一个问题,那就是百事可乐与可口可乐之间的口感并不好区别,想要提升产品的竞争优势,就需要在广告上塑造更加独立、鲜明的商品性格和企业文化。不久之后,百事可乐公司推出了"百事可乐,新一代的选择"的口号。这一次,百事可乐公司终于找到了最佳的突破口,将可乐定位成年轻时尚的风格,并且在1994年直接邀请音乐界的天王巨星迈克·杰克逊作为代言人,从此,百事可乐的销量成倍增长,并且第一次超过可口可乐,百事可乐最终成了和

|意志力销售法

可口可乐分庭抗礼的饮料品牌。

许多人认为百事可乐的成功在于迎合了新时代的流行文化，但事实上，百事可乐公司的战略设计以及战略执行力才是成功的关键，整个公司的销售因为强大而有步骤的执行力而获得了质的提升，相比而言，百事可乐公司的员工有着更为强大的战略耐性，有着更加出色的执行力。

对于任何企业和销售员来说，不仅要有出色的战略规划能力，制定科学合理的销售方法，同时也要具备战略耐性，并在平稳的、有序的节奏中推动战略目标的实施。

以工匠精神进行销售，把业务做精做细

一般来说，每个人的工作状态包含了三个最基本的层面，即想做事、想做好事情、想把事情做得更好。想做事是指人们想要执行某项任务，参加某项工作，或者参与某个项目，参与者想要做这件事，目的可能是获得丰厚的报酬，或者单纯地想证明自己有某种能力。想做事代表了最初的一种冲动，这种做事的冲动往往是由内在需求驱使的。

想做好事情往往代表了一种责任感和荣耀感，代表了对工作认真负责，对事业充满期待，对个人发展有一定的目标。一般来说，想做好事情的人往往具有一定的内驱力。心理学家认为，人的行为内驱力来源于个人的意向，它是内心世界中最核心的东西，是推动或者启动行为的重要因素，是激发心理能量的一种强大动力。而意向往往分为五种：减少

|| 意志力销售法

紧张状态的意向，希望被人喜欢和关注的意向，求同的意向，追求卓越的意向，追求自然和谐的意向。

在销售过程中，这几种意向常常会出现，而且有时候会同时出现，意向的强烈与否决定了人们愿意付出的多少，决定了人们的意志力是否强大。反过来说，意志力越高的人，他们的自觉性越高，对于工作的觉悟也越高，他们愿意在工作中保持专注，愿意坚持为自己的工作默默付出。

想把事情做到更好则是一种更高的责任感和荣耀感，这样的人往往具有挑战精神，对于工作也有着深刻的认识。他们总是追求更好、更高的生活目标，总是试图让自己变得更加完善，让自己的工作更加完美。相比于其他人，他们时时刻刻都在督促自己把事情做到最好，并且在细节上尽可能做到完美无瑕。

三个不同的层面，实质上正是从普通到优秀，从优秀到卓越的一个跨越，这种跨越在销售领域同样存在。一个普通的销售员会这样去想："我想要上班，以此来挣钱养家""这是我养家糊口的工具"。他们寻找的是一份工作，一份单纯地能够带来经济效益的工作。一个优秀的销售员会对自己的工作认真负责，"这是我的工作，我有义务做好它""我有责任完成上级下达的任务""只有把工作做好，我的价值才能体现出来，公司才能盈利"。而想要把一件事做得更好，想要让自己的销售工作做得更出色，就需要拿出那种追求卓越的心态，就需要爆发出强大的意志力来督促自己进步。

在有关"做得更好"这件事上，有一个非常合适的词：工匠精神。这种精神的内核就是精细化，任何一个步骤、任何一个环节都会尽量做到极致，在销售活动中，也需要这种工匠精神，要确保每一个环节得到修缮，确保每一个细节得到加强。

比如很多商家非常注重销售环境的打造和氛围的营造；有的商家会注意每一个服务的流程环节，并不断进行强化；有的商家会注重对销售员的挑选；有的商家会注重对销售话语和销售技巧进行深入剖析；有的商家会将服务做到极致。

经常有人反映，某4S店的员工态度非常好，他们会细心地为每一个顾客提供一张返回的公交券，他们店里的饼干是自己吃过的最好吃的饼干，他们会记得给每一个前去看车（无论是否购买）的顾客寄去一张节日贺卡，他们会在最短的时间内了解顾客喜欢以及适合什么样的车型……这些赞美背后其实就是对该店销售能力的肯定，而销售能力的强大往往和内部的销售文化、销售机制、培训机制息息相关。

有个推销员,每一次与人谈生意时,都会提前两三天进行演练,将对方可能会问到的问题以及可能做出的回应进行分析,然后有针对性地制定相应的措施。为了确保能够尽快说服客户,他会反复斟酌自己的语言和措辞,并对自己说话的时间进行合理设定,确保自己既可以有效清晰地表达观点和立场,也能够更好地营造氛围。他还特意花费了半年的时间进行有关销售的培训,来提升自己的业务能力。

有些商家会要求业务员必须在最短时间内了解顾客真实的需求,在最短时间内说服对方购买相关的产品。一个业务员曾经喊出了"5分钟内拉拢一个客户"的口号;有家烧饼店20年来一直都在致力提升做烧饼的速度,并且每年都在保证品质的同时缩短将烧饼交到顾客手中的时间;一位菜市场的大妈总是以最快的速度将顾客选择的菜装入包装袋,给下班的人节约更多的时间。这些都是销售员自我进步、自我完善的重要表现,体现出来的是一种销售责任感和追求卓越的精神品质。

有些公司会要求员工在销售过程中将顾客说过的话记下来,对其中一些重要的信息进行分析,最后建立档案。到了月底则要对所有顾客的信息档案进行整理,然后找到一些规律性的东西。对于那些熟客以及回头客,员工必须加强了解,包括对方的品位、追求、职业、兴趣、家庭基本情况,都要有所了解。公司每隔一段时间会进行销售技能考核,通过情景化、场景化的模式来检验员工的销售技能,并有针对性地进行指正。公司每年还会举办多次内部交流会,让一些能力出众的销售员一同分享自己成功的秘密。

企业内部的销售文化非常重要,它是提升整体销售水平的关键,尽管很多人觉得销售本身就是一个简单的过程,没有必要弄得那么复杂,也没有必要花费时间、精力和大量资金进行培训,可是对于优秀的团队和优秀的销售员来说,花费更大的成本来提升销售技能是很有必要的,这是前期投资的一部分。

‖ 意志力销售法

在试错中找到最佳产品

有人说销售活动本身就是一个不断试错的过程，通过错误经验的积累，销售员可以找到最合理的销售方式。比如在接二连三的失败中，销售员会对自己的销售技巧、销售经验、销售模式进行反省和纠正，会想办法提升自己的销售能力，改善自己的销售状态。与此同时，人们也会在不断的失败和挫折中找到自己最适合销售的产品，找到最能够迎合消费者需求和市场需求的产品。

"出售错误的产品"听起来更像是一种失败的借口，毕竟人们通常都不愿意承认自己的失败是因为无能，他们可能会将问题归咎于"这个产品不适合出售"，对于销售人员来说，这或许更像是一个伪命题，但对于企业来说，则是一个不可忽视的问题。

第五章　生生不息的意志力，以不变应万变

　　谷歌公司会消除任何一项错误的服务或者对任何一个不合适的项目进行调整，即便这些动作可能会赶走一大部分客户，但它似乎不以为然。许多消费者常在论坛上调侃，谷歌公司的产品要么已经被关停了，要么就在被关停的路上。重要的是，连开发者们也抱有同样的想法。这些被关停的产品当中有很多并不具备太大的市场价值，因此没有必要继续开发，没有必要继续增加投入；也有一些具备一定的价值，但是仍旧惨遭淘汰。谷歌公司高层在取消某个产品或服务的时候，或许更加看重的是其他产品的吸金能力，因此他们有足够的魄力切掉那些不怎么合适的产品。

　　据说，这些年谷歌公司淘汰了160多个产品，其中包括Google+, Fabric, Inbox by Gmail, Marratech e-meetings, PowerMeter, Gears, Postini, iGoogle等产品，通常情况下，随着技术研发的更迭不断加快，产品也不可避免地加快被淘汰，但是像谷歌公司这样频繁且大量淘汰产品的现象的确不多见。

　　在最初销售相关产品时，谷歌公司一直都表现得很用心，而且从不吝啬广告投入，为的就是能够在第一时间让更多的顾客接受这些产品，但是每次当公司意识到这款产品的价值达到一个临界点，或者准备将重心放在其他产品上时，

143

就会选择放弃。

比如Quickoffice，它是谷歌公司2012年收购来的，4个月后很快关闭，原因就在于这个产品的相关功能已经被谷歌公司整合到其他产品当中去了，它已经没有存在的必要了。PowerMeter被抛弃的原因在于，这款检测家庭耗电量的软件市场份额并不高，而且用户也越来越少。Google+曾是公司重点打造的产品，包括可穿戴设备的消息推送、订阅服务、评论服务、信息分享等强大的功能，可以说市场前景比较广阔，可是当用户发现其应用软件存在巨大安全漏洞时，这个产品就被下架处理，加上这个产品在社交领域并没有达到预期目标，因此谷歌公司直接选择了放弃。

其他公司可能会觉得放弃这些项目非常可惜，在对于谷歌公司而言，它必须看得更加长远一些，必须为长远的发展和利益做准备，因此它愿意忍痛割弃当前的利益，愿意放弃一些无法进行持久盈利的产品。许多人只记得谷歌公司放弃了多少产品，却忽略了那些曾经改变市场，曾经为谷歌公司带来巨大销售量和巨大利润的产品。可以说，正是因为具有耐力、具有强大的控制力，才造就了谷歌公司的成功。当人们指责它不懂得销售，无法打开市场时，却不知谷歌公司只是比其他对手更善于隐忍而已，在推出一款爆品之前，谷歌公司高层完全允许销售部门中途停止销售活动。

当许多人批评谷歌公司不懂如何打造和经营品牌时，当外界嘲讽谷歌公司的销售部门缺乏能力时，或许忽略了一点，谷歌公司比其他公司更有资本，也更有勇气在销售活动中试错，它的耐心更强，在追求利润的时候，它的眼光看得更为长远。简单来说，任何一款产品可能都是为了其他产品而出现，也会因为其他产品而消亡，谷歌公司不仅善于创新，更擅长等待。

任何一家伟大的企业都会试错，都会在销售中尝试一些新的技巧、新的产品，都会想办法丰富自己的销售，但是只有最合适的产品才能带来效益，而想要找到这个最佳产品就需要通过市场进行检验，更需要保持耐心，保持清晰冷静的头脑。

在日常销售活动中，并没有多少人有试错的勇气，但这恰恰是一个销售团队、一家公司能够长久生存下去的关键要素，能够在销售中尝试和体验失败，能够在销售中了解自己的优势所在，了解销售的缺点以及产品的不足，才能对产品设计、制造、销售进行更为合理的布局。错得越多，尝试得越多，成功的机会也许就越大。

|| 意志力销售法

越到最后越要保持耐心

在销售工作中，人们通常会犯这样一个错误，越是接近成功的时候越会显得迫切，比如在销售对话即将结束且客户开始正式决定是否应该购买产品的时候，销售员会在对话中施加一定的压力，或者强化自己之前的观点，他们总是迫不及待地催促顾客赶紧做出决定，或者催促对方应该把握机会，试图一口气说服对方。但正是这些强化型的对话，往往会引发客户的一些不适感，反而容易让彼此之间产生紧张的情绪。制造这样的局面对整个销售工作的推进非常不利，客户往往会变得更加犹豫不决，甚至可能直接做出放弃购买和消费的决定，以至于让销售者因为自己的冲动而功亏一篑。

之所以会出现这样的情况，很大一部分原因在于客户在销售对话即将结束时，仍旧对自己是否应该购买该产品产生疑惑，他们或许还没有完全被说服，或者没有完全被打动。而销售人员同样会惴惴不安，第一，他们不知道自己是否会被拒绝。事实上，越到最后，他们越担心自己会被顾客拒绝，这让他们之前所有的工作面临垮塌的风险。而为了防止自己所做的努力全部付之东流，他们更希望在顾客做出决定之前给其施加一些压力，但催促显然是一个错误的行动。

第二，正因为销售人员害怕面对失败，所以可能会产生恐惧心理。这种恐惧感会让他们丧失信心，并觉得之前在会谈中所做的一切努力都是不保险的，他们不得不打破原有的计划，不得不改变一些策略，这使得他们原本沉稳的沟通和销售风格有所动摇，而变得更加紧张、急躁以及不自信。他们不得不采取催促的方式来构建新的对话体系，但他们越是表现得急切，越是表现得不安，效果往往越差。

耐心应当是贯穿始终的，销售员在面对自己的工作时应该明确这一点，并且越到最后越应该沉住气，越应该表现得自然、沉稳，要让对方感受到一切都是自愿的，一切都是自然而然应该发生的，要让对方觉得销售员并不急于推销这些产品。

这是一个非常有趣的情况，有时候当销售员表现得越来越殷勤，并且渴望在最后时刻拿下这笔生意时，顾客反而会突然降低热情，购买欲望也会下降。而之所以会这样是因为顾客从销售员的行为举止当中察觉到对方身上的销售压力以及急于交易的心理，他们会意识到自己如果再坚持一会儿，也许就可以掌握更多讨价还价的优势。

一个成功的销售者绝对会展示出自己出色的意志力和理性的态度，这并不是说任由对方做出决定，而是始终保持稳重的自然的态度。实际上，他们更善于通过一以贯之的沉稳来避免可能出现的紧张氛围，并且积极地表达尊重客户选择权的意愿，以及强调这些选择权带来的满足感和愉悦感。博恩·崔西是一位非常出色的销售大师和销售教练，按照他的说法，他能够和任何一位陌生的顾客产生良性的互动，并且确保对方有很大的机会购买自己的产品，而其中一个重要的原因就是他无可比拟的耐心。因为在整个销售活动没有结束之前，顾客的心态都是保持紧张和排斥的，他不会贸然去触动或者加剧顾客的神经反应。

博恩·崔西愿意花很多时间和精力在顾客身上，即便顾客对他的服务和产品并不感兴趣，即便顾客没有给出消费的承诺，他也会按照自己的计划去沟通。许多销售人员经常会为了赶时间而刻意减少交流时间，为了赶时间而催促对方快点儿购买产品，但是博恩·崔西从来不会这样做，他总是试

第五章 生生不息的意志力，以不变应万变

图给对方更多自由选择的权利，为对方建立一种安全感，表明自己愿意花更多时间帮助顾客做出更好的决定，愿意花更多时间给顾客作分析，为对方分析出一个非常美好的收益情况。

一个有趣的情况是，即使销售员一再声称自己不挣钱，或者挣不了多少钱，可消费者和客户仍然坚信自己还可以继续争取利益，坚信对方还有很大的盈利空间。双方之间的心理博弈往往会导致彼此之间产生一些分歧，而且这种分歧可能会在销售员的耐心解释下慢慢消退，可是当双方进入最后的拉锯战时，客户往往会想办法再次尝试争取一些利益。这个时候，销售员如果沉不住气，可能就会导致双方的对话回到起点。

欲速则不达，尤其是到了最后时刻，双方之间的较劲会达到一个非常敏感的状态，稍不注意就可能会失衡。因此那些出色的销售员会将自己的耐性贯穿整个销售活动，尤其是到了最后时刻，他们常常会耐心地提醒客户，"您挑选的这件产品很合适，当然，其他产品也很不错，您也可以看看，然后做出选择""如果您觉得这件产品不太合适，不买也没关系的"。这些耐心的举动往往可以帮助销售员让销售活动平稳地结束，避免在关键时刻丧失主动权。

| 意志力销售法

意志力销售的前提是精确的思考

《思考的技术》一书中有这样一些话:"解决问题的根本就是逻辑思考能力。先见之明、直觉都是从逻辑思考中产生的。由于绝大多数人都没有养成逻辑思考的习惯,所以就缺少了能够解决问题的思路。

"每天锻炼逻辑思考能力,你就可以逐渐洞悉问题的本质。洞悉本质就能看清楚问题真正的原因,并导出正确的解决方法。

"不管自己的情绪如何,对于所呈现的事实,一定要虚心接受。因为这是解决问题的前提条件。只有弄清事实之后,才能进一步思考什么是正确的,什么是应该做的。"

在这些话中指出了一个要点:逻辑思考。通过逻辑思考可以抓住事物的本质,可以强化人们的分析能力。这种逻辑

第五章 生生不息的意志力，以不变应万变

思考能力具有两个重大的优势，第一个就是挖掘客户的需求，对他人不重视或者经常忽略的地方进行深入分析。正如心理学家所说："思考，就是常常提出疑问，然后自己努力寻求解答。在'当下若没有找到答案就会死'这样的强迫观念之下，将自己所拥有的数据从脑袋中调出来加以分析，然后找出可以说服自己的解答。成功者几乎都是将其他人忽略的部分加以重新思考，才获得事业成功的。把多数人都认为不对的事情，将别人平常忽略的地方，用放大镜做无数倍的扩大，之后衍生出市场需求，只有拥有这种个性的人才会成功。"

善于思考的销售员往往具备强大的挖掘能力，面对其他人不重视的市场或者顾客，他们能够保持强大的意志力，他们会细化市场，会专注地挖掘市场上任何一个可能产生利益的点。比如百事可乐公司就是从可口可乐公司忽视的小城市、小国家、敌对市场中发展起来的，虽然看起来更像是夹缝中求生存，但百事可乐公司却以此为跳板挖掘出了足够对抗可口可乐公司的庞大市场。华为公司最初的发展也遭遇了很大的阻碍，任正非思考再三，得出了"农村包围城市"的发展战略，并通过挖掘和开发农村市场壮大实力，拓展了销路。而在开拓国际市场的时候，任正非同样强调要开发不被人重视的"盐碱地",开发西方企业忽视的亚非拉小国以及一些艰苦的地区,这些正是华为获得成长和成功的前提。贝佐斯意识到在实体店卖书没有什么太大的运作空间,于是想到了网络卖书,最终创办了亚马逊公司。

每一个伟大的销售员或者公司,在面对销售困境时,往往会通过积极的思考来制定合理的销售策略,会采取最适合自己的方法来开发市场,他们能够发现那些不为人关注的细节,能够找到市场上最容易被人忽视的需求,而不是盲目地坚守那些难以开发的市场。

第二个就是对问题进行解决,销售中存在各种各样的问题,沟通能力不行、产品宣传不到位、客户服务态度不佳、销售方向出现错误、市场竞争非常激烈等,这些问题都需要得到解决。可是当人们意识到自己在销售工作中遭遇障碍时,往往会产生盲目的心理,或者直接表现出垂头丧气的态度,他们并没有想过该如何解决问题,也没有想过该如何克服眼前的困难。当他们表现出这样的状态时,将会进一步失去解决问题的耐心和勇气。

解决问题的首要工作就是思考,很多销售员并没有思考的习惯,更多时候他们会依靠本能和主观判断来评估自己是否值得继续坚持下去,尤其是当他们在销售工作中始终不见

第五章 生生不息的意志力，以不变应万变

任何起色，或者在销售工作中遭遇失败时，更是会轻易放弃对问题的深究。一些人可能会对自己的问题进行思考，但是整个思考过程毫无章法，这同样会影响他们对这份销售工作和销售任务的看法。

思考是解决问题的一个重要方式，销售员往往会遇到各种突发情况，会遭遇各种困难以及复杂的形势，面对这些压力时，积极发挥逻辑思考能力，就可以找到有效的解决方案。

有个人失业之后决定去卖梨，可是市场上已经有很多卖梨的摊位了，大家为了尽快将梨卖出去，只能选择价格战这种伤害最大的竞争手段，而过多的竞争对手直接导致梨的价格一跌再跌。失业的人因此遭遇了极大的困境，低廉的价格让他获得的利润不断下降。

这个时候，他开始分析梨的行情。在他看来，梨的价格下跌是因为梨太多，大家都争抢这一块市场，自然容易引发恶性竞争。或者消费者相信同一品种的梨太多，已经卖不掉了，消费者有足够的耐心等待更低的价格再购买。此时，他想到了一点，如果迫使消费者相信市场上的梨不多且与众不同，那么是不是就可以吸引消费者的关注呢？正因为如此，他干脆逆势而行，挑选了一些个大味甜的梨，然后将价格直接提升了3倍。结果当天就有很多顾客掏钱购买。原来当梨的价格上涨之后,消费者产生了一种猜想:是不是这些梨的品种不一样,是不是味道更好,是不是更加纯天然?否则价格也不会那么高了。正是由于积极的思考和分析,他制订了出色的销售计划,顺利将梨以高价卖了出去。

无论是挖掘不为人知的市场需求还是主动寻找解决问题的方法,都是寻求突破的方法,通过精确的思考,通过逻辑思维能力的运用,销售员可以更合理地寻求销路,可以更加巧妙地在激烈烦琐的销售工作中找到突围的方式。

06
第六章

注意把目光放在客户身上

　　盯着顾客或者客户,寻找客户群,并不是一个战术部署,而是一个战略性的举动。一个商家或者销售员想要让自己的销售活动更加顺畅,那么从战略规划层面开始,就要立足于客户。

第六章 注意把目光放在客户身上

在第一时间积极寻找客户群

在日常销售工作中,人们可能会产生这样的疑惑:"谁才是适合自己的客户?""哪里才能找到最大的客户流量?""我的产品应该卖给谁,谁需要这些产品?"在销售活动展开的时候,销售员并没有一个明确的概念,只是觉得有人的地方就有市场,觉得人就是市场,但事实上,很多产品和服务都有特定的消费群体。可以说,销售的关注点不在于产品,而在于顾客,销售本身就是把握顾客,而不是如何介绍自身的产品。

而寻找客户群体包含了两层意思,第一层意思是这些产品应该卖给谁,第二层意思是需要这些产品的人在哪里。这是两个并不重复的问题,两者的倾向性不一致。"这些产品应该卖给谁"更多时候是出于对市场需求的忽视,生产和销售该产品或服务的人并没有对市场做过调查，也不清楚自己的产品是不是符合市场需求，他们停留在生产产品并出售产品的阶段，而没有系统地了解市场，也不清楚消费者的想法，所以他们面临的情况是："我有很多产品，但是不知道卖给谁，不知道如何销售出去，不知道这些产品适不适合市场。"

比如有个人研发出了一款新的电子产品，于是兴致勃勃地投产并推到市场上销售，可是由于之前没有做过市场调查，他根本就不清楚自己的电子产品有没有市场，事实上他的产品的技术虽然很高，但实用性不好，而且价钱很高，根本没有多少人愿意购买这样一个价钱昂贵但没有多少用处的产品。

"需要这些产品的人在哪里"指的是生产和销售产品的人明确地知道自己的产品和服务是有一定市场的，有人会对自己的东西感兴趣，他们最大的问题在于抓住了商机，却不知道如何找到合适的市场。简单来说，就是知道产品有人买，但是可能还没找到这些潜在的买家，因此需要花费精力去寻找。

有个商家生产出了一批非常神奇的隐形笔，写出来的字会很快消失，肉眼根本不可见，需要使用特殊的药水涂抹上

第六章 注意把目光放在客户身上

去才会显出字迹。这样的产品拥有一定的市场，但潜在的消费者不太可能是一般的文员或者学生，一些从事特殊行业需要确保文件隐秘性的人可能会使用这种隐形笔，少量学生为了追求时尚以及好奇心作祟，也可能会购买这些产品，销售员要做的就是找到这些潜在的客户。

可口可乐公司曾有过一次特殊的讨论，随着茶饮料的崛起，越来越多的人对碳酸饮料失去兴趣，以至于可口可乐公司的业绩不断下滑，利润也慢慢降低，这让公司心急如焚。这时公司里有一个人说了一句看起来更像是废话的名言，大意是：如果人们不想喝可口可乐了，那并不是因为可口可乐公司的品牌影响力下降了，而是因为碳酸饮料正在衰落。事实上，只要有人还喜欢喝碳酸饮料，那么可口可乐就有80%的机会进入这个人的嘴巴里，所以不要去试图拉拢那些喝奶茶或者茶饮料的人，只要找到那些仍旧钟情于碳酸饮料的客户，那么可口可乐就会永远保持强大的竞争优势，可口可乐就一样可以畅销全球。

"需要这些产品的人在哪里"本质上就是要求销售员和商家找到客户群，找到那些刚好需要这些产品的人，这才是打开销路的关键。好的产品往往都有自己的市场，但这个市场并不是普遍的，而是针对特定的人群的，因此花一点儿时

‖意志力销售法

间去寻找客户群至关重要。当某地区的市场乏力时，不要轻易就认定自己的产品不行，有时候换一个市场也许就可以获得更大的发展空间。而更多时候，人们需要提前去了解一个市场最具开发的潜力，然后有针对性地找到客户资源。

《久赢真经：销售心理学》的作者曾经讲述了这样一个故事："我以前卖复印机、打印机、传真机的时候，我只会一单一单地去跑业务，特别累，痛苦得不得了。所以我就在想有没有更好的办法。有一次，在外面拜访客户时，认识了一个做家具的，我就发现他太厉害了，因为之前有很多客户的联络方式我不知道，但是他都有。为什么？因为买完家具之后才会买我的复印机、打印机，客户有了新的家具之后才可能添设备啊，所以他比我走得早一步。结果我找到他之后，我的客户就源源不断。做了一段时间我发现还不够，我发现做家具的还没有做装修的厉害，因为买家具之前人家一定要先把房子装修好。所以我发现找到装修的，拿到他们手上的客户会更早一步。于是我就去跟一些装修公司的朋友交流，看什么企业在搞装修。后来我又发现找装修还不如找物业，为什么？因为物业最先能够看到租住人的资料，因此我又去找物业。"作者历经多次转折，最终的目标就是在第一时间寻找到最大的客户群，拉近自己与顾客的距离，以便更

第六章 注意把目光放在客户身上

好地把握顾客。对于销售员来说,如何才能找到顾客本身就是一个必须具备的能力,只不过面对这样烦琐的流程,面对这样的工作量,有多少销售人员愿意去尝试呢?

需要强调的是,盯着顾客或者客户,寻找客户群,并不是一个战术部署,而是一个战略性的举动。一个商家或者销售员想要让自己的销售活动更加顺畅,那么从战略规划层面开始,就要立足于客户。通常来说,战略思维包含了几种形态,比如以资本为本的战略思维,以顾客为本的战略思维,其中以顾客为本的战略思维是市场战略思维中的重要部分。随着实物经济向服务经济转变,顾客的地位将会变得越来越高,销售方需要重点关注客户的需求和体验,这是把握市场的前提,因此他们需要重视维护团队与顾客的关系,需要重点打造一个健康的合理的交易模式,同时积极顺应市场的变化,打造一个可持续发展的销售模式。

此外,许多商家在拓展市场的时候,往往会认为销售本身就是销售部门的工作,如果销售情况不乐观,就会直接撤掉市场部的负责人,或者撤掉销售人员。在他们看来,任何部门都应该对自己的工作负责,任何人都要对自己的工作岗位负责。但是过分将部门职责独立开来并不合理,一个优秀的企业应该确保各个部门和一线的销售人员紧密联系起来,

‖ 意志力销售法

部门之间应该相互协作，并为一线销售人员提供必要的帮助。在这个相互串联的网络中，一线销售人员只是一个突破口，而他们所具备的突破能力来源于其他部门的"助攻"。所以商家必须强化部门内部的互联模式，必须想办法提升每一个部门的工作效率和协作意识。

第六章 注意把目光放在客户身上

流量时代，坚持推出好的产品

在如今这个时代，最重要的一个词就是"流量"。流量是整个社会不可或缺的销售词，任何企业、公司或者个人，最终追求的都是流量，销售活动需要吸引更多的流量来拓展自己的销路。现在流行的"粉丝经济"就是一个典型的流量模式，"粉丝"越多，流量越充足，产品的市场关注度也就越大，市场销售也就越广。当销售与流量结合起来的时候，人们对于销售活动的看法就会发生一些改变。

商家吸引流量往往要依靠创意、依靠广告、依靠品牌效应，通过构建核心竞争力和品牌形象来吸引更多消费者的注意力，不过想要长时间保持流量的充足，就需要强大的意志力做支撑。现在有很多网红企业或者潮流产品出现，它们可能会在短时间内占据消费榜的前列，吸引大量的消费者，可

意志力销售法

是由于产品深度、厚度不足，由于产品缺乏更深的层次，也很容易过时。

美国学者迈克尔·戈德海伯曾经写过一篇名为《注意力的购买者》的文章，他指出"获得注意力就是获得一种持久的财富。在信息爆炸的新经济下，这种形式的财富使你在获取任何东西时都处于优先位置。你可以任意地营销自己或你的产品，而对手只能被动应对，跟不上你的步伐"。

迈克尔·戈德海伯认为商家和企业只要能够在第一时间吸引更多的注意力，就能够在营销大战中赢得先机。但是一个信息爆炸的时代，人们的注意力很容易转移到其他事情上，很容易被其他事情影响，因此商家必须要形成持久的注意力，而想要打造这种持久注意力并不容易。

如果认真进行分析，就会发现人们对于流量的追求具有一些倾向性：专注当下，比较肤浅；注重感性，缺乏深度。商家忽视了产品的性能和层次，更多时候喜欢运用一些花哨的技巧吸引客户，整个销售活动更多地构建在一些无足轻重的小技巧上。对于多数商家和销售员而言，推出一款经典的，具有持久魅力的产品需要耗费很大的成本，需要消耗更多的时间和精力，而在速率和效率为王的大环境下，他们更加倾向于增加自己的印象分，没有人愿意生产更加优秀的

第六章 注意把目光放在客户身上

产品。

国内外每年都会有一大批"网红"企业和品牌出现,这些企业和品牌会在出现的第一时间内想方设法引起市场的关注,但越是容易火爆整个市场的企业,最后越容易提早退出和消失。这些企业可能会找到一个引爆市场的点,却没有养成如何持续提升自我、改善自我的态度。这些企业和品牌可能善于把握潮流,会设计出一些比较新颖的产品,会制造一些时尚噱头,就像推出比较有新意的产品的时尚品牌,尽管在短时间内,它们可以吸引大批消费者的关注,可是从长久来看,市场上的大部分时尚都是短暂且难以经受时间考验的。相反,那些注重产品深度、内涵,那些致力于提升产品维度和深度的品牌才能够长时间抓住市场的心。就像一些风靡一时的时尚品牌和阿玛尼、香奈儿、路易威登(LV)之类的品牌一对比,总让人觉得缺少了一些底蕴一样,而这些底蕴需要花更长时间去经营和培养。

哈德洛克是日本一家规模不算大的公司,它的产品非常单一,就是生产和销售螺丝。像这样的公司,在全世界范围内几乎可以找出成千上万家,毕竟螺丝不像汽车、飞机、轮船、手机、电脑、芯片之类那么复杂高端,可是相比于其他同类企业,这家日本公司几乎花费了二三十年的时间来生产螺母，而且公司一直都在改进自己的工艺，一直都在提升产品的质量和性能。这种坚持和毅力使得它成为全世界最出色的螺丝生产商，几乎全世界的高铁、火箭、飞机、轮船以及其他精密设备都离不开它的产品。这家小公司正因为拥有无可匹敌的意志力，才能在竞争激烈的环境下开辟大场面和大格局，才能赢得成功。

而将镜头转向国内，就会发现这样的公司少之又少，多数企业并没有那种花费几十年来做一件事或者打磨一件产品的魄力，短期内的盈利才是它们优先考量的问题。由于缺乏意志力，多数企业的产品和服务只能是昙花一现，整个销售也很快陷入僵局。

有人曾做过一组有趣的数据对比，发现中国中小企业的平均寿命仅有2.5年，中国集团公司的平均寿命为7年左右，而日本企业的平均寿命达到了58年，在产品销售方面，它们所做的也远远要比国内的企业要好。据说超150年的老字号企业日本有2万多家，而中国却为数不多。而根据2017年某机构的一份《世界最古老的公司名单》，世界上创立时间超过200年的公司有5586家，其中一半多在日本。

那些百年老字号的企业对于销售非常讲究，必定会拿出最好的产品和服务态度，必定会对自己的品牌进行深度挖掘和提升，为此，它们并不急于一时的成败，并不急于一时的销量和营业额，为了保持更长久的发展前景，它们愿意对自己的产品进行不断提升，而这或许才是销售最坚实的保障。

迎合客户需求是一个永久性的命题，但这种迎合性不能只停留在当前的形势下，不能只停留在吸引消费者的吸引力上，好的销售应该立足长远，应该以品质为保障，这才是提升流量的保障。换句话说，只有那些坚持得更久、只有那些深度耕耘的企业和品牌，才能够获得更为持久的吸引力。任何一个大品牌，任何一个大企业都会采取这种方式来操作，在它们看来，意志力才是流量的保证，它可以带来更长久的刺激和关注，可以带来更持久的消费体验，可以形成一种正向的影响力累积，这种累积优势会不断增加，从而成为重要的竞争优势。

|| 意志力销售法

找出消费者身上的共性

谈到销售的时候,信息是一个非常重要的因素,从销售工作的整个流程来看,收集顾客和客户的信息是其中一个非常重要的工作,虽然这项工作非常烦琐和复杂,工作量也很大,但是对整个销售活动的顺利开展有很大的帮助。这种信息收集不仅仅停留在弄清楚每一个顾客想要什么、需要什么、期待产品做出哪些改变上,同时还在于将所有的信息进行整合与分析,并借助大数据来找出其中的一些规律。

大数据分析实际上就是一种市场需求的分析,或者说是对大多数定律的实践。销售人员在工作中往往会发现,不同层次的人群、不同生活方式、不同地域空间、不同社会阶层、不同年龄的顾客,消费方式不同,而具有相同社会经历或者文化背景的人,往往具有某种消费的共性,或者说具备消费的一些规律。借助这个共性和规律，销售员会发现某一层次或者群体内的大多数人在消费模式、消费习惯上都是相似的。

找出这种规律具有很强的实际意义，毕竟当单位数量变得越来越多时，分析产生的结果会不断接近从无限单位数量得出的预期产生的结果。当拜访的顾客越多，推销的对象越多，销售的成功概率就越大，因为从大数据中，销售员更容易找到一些共性，他们可以概括出某一群体内的顾客喜欢什么东西，或者更希望获得什么东西。

比如一位汽车销售员工作8年，手上积累了一大批的顾客，而他会将所有顾客的名字、职业、兴趣爱好、言谈举止，以及消费方式列成信息表，并且输入档案存档。他特意邀请他人帮忙设计了一个分析软件，对所有顾客信息进行扫描，找出了一条稳定而准确的顾客消费曲线，同时指出了消费热点和消费行为的热区。

在现代商业竞争环境下，对于商家来说，不能再像过去一样将产品生产出来，然后卖给顾客就行了。现代商业模式中增加了许多更加高效的流程环节，增添了更多的内容和技术。销售员和商家需要做的准备工作越来越多，销售的流程其实被延长了，但这种延长正是商家意志力的体现，他们需要做更多的准备和铺垫，才能更加从容地处理好销售工作。

很多商家和销售员在正式推销自己的产品之前，往往会想办法进行调研。调研工作在过去不会被列入销售工作当中，但两者明显有着非常紧密的联系，市场调研是销售的一个重要环节，如果没有市场调研这个环节，销售工作可能会陷入困境，走入歧途。

销售人员必须在第一时间获得充分的用户需求数据，这些数据可能是之前调研工作中收集的，也可能是在正常的沟通中获得的。如果是企业的话，那么企业产品规划人员从一开始就会获得相关的数据，并且借助大数据和系统的辅助，了解顾客真正在意的是什么，真正想要的是什么。

众所周知，这些年OPPO和vivo两个品牌的手机在国内很火爆，这两个品牌几乎在很短的时间内就得以崛起，并抢占了大量的市场份额，甚至长时间占据国内市场前两名的位置，并且在国际市场上也有一定的影响力。那么这两个手机品牌为什么卖得那么火爆呢？原因就在于它们并没有将目光完全集中在自己的产品和技术上，而是对用户进行分析，运用互联网思维来挖掘用户的需求。

众所周知，OPPO手机的卖点是拍照，这完全符合了如今的自拍流行文化。这款手机的拍照功能很强大，高像素、

第六章 注意把目光放在客户身上

大屏幕、丰富的色彩,加上美颜功能,赢得了年轻消费者的青睐,并迅速成为市场上火爆的品牌。vivo手机也重点关注用户的拍照体验,它的侧重点在于拍照的手势,通过自定义手势来充分展示拍照功能,这无疑迎合了年轻人的流行文化。而这些功能据说是促销员率先想到的,他们在长时间与顾客打交道的过程中慢慢积累经验,通过分析用户的需求,从而产生了创意。

可以说商家在销售商品的过程中,不能仅仅将精力集中在出售产品的行为上,而应该重点关注顾客和用户的行为,收集相关的信息,通过大数据来分析用户的需求,接下来在销售活动中针对这些需求推销自己的产品。这往往是一个漫长的过程,可能需要几个月甚至几年的时间。

商家或者销售员应该将目光放在顾客身上,始终盯着顾客的一举一动,了解和收集顾客的信息,找出市场规律和大众消费的规律,并敏锐感知市场上出现的变化,然后将其作为生产和销售的第一手资料。

一般情况下,如果销售员的生意比较小,销售量有限,那么往往更加看重的是单个顾客的消费,这样他们就会选择将每一个顾客的信息制成档案,然后有针对性地进行分析。如果销售范围很广,销售的市场很大,那么就需要进行市

| 意志力销售法

场调研，或者需要对所有的档案进行综合分析，来找出市场规律和消费共性，这是打开市场销路并降低销售难度的重要方法。

第六章 注意把目光放在客户身上

比客户熬得更久一些

有个人代表公司去谈判,他主张以单价5500元的价格出售1000台机器,但是对方却认为购买方出价太高,因此坚持降低到单价5200元。由于总价相差30万元,双方一直互不相让。虽然双方都不愿意做出让步,但是对销售方的代表而言,他并不急于出售这批机器,而且眼下还有一大批订单等着处理,他完全有足够的时间先处理好其他生意。而对于购买方的代表来说,情况则完全不同,由于公司已经提前部署了两条新的生产线,而且也开始招收员工,可以说箭在弦上不得不发,如果推迟一天,就会产生大量的人力、物力和时间成本。

对比之下,销售方有着更多的时间优势,他根本不用着急完成这一次的谈判,因此他必定会在谈判中强硬地坚持自己的立场，而且只要他保持足够的耐心，就一定会等到客户率先做出妥协。

又比如，S公司急切地想要购买一批产品，S公司的代表于是找到了卖产品的R公司。作为本地实力最强大的公司，R公司在本地市场上拥有70%的份额，每天都有大批客户排队等着它的订单，所以当S公司提出交易与合作的请求时，R公司稍微了解了一番，就提出了自己的条件：考虑到目前原材料的上涨，每一个产品的单价在原有价格基础上提升5%。这个条件让S公司不太满意，该公司的代表希望对方能够以原价出售这批产品，双方始终僵持不下。

对于R公司而言，它根本不用着急做出妥协和让步，因为自己还有其他备选的合作对象，它完全可以弥补失去S公司订单的损失，因此在整个销售活动中它只要想办法继续坚持下去就行，形势始终对自己比较有利。

比客户坚持得更久一些，这是一个比较传统和"老土"的销售办法，但是却能够实实在在推动交易的发生，能够带来销售上的突破。或许许多人并未意识到，很多时候销售就是一种心理对决和博弈，在双方对于信息的掌握都比较充足（自以为很充足）的情况下，整个销售活动可能会陷入僵持阶段。

第六章 注意把目光放在客户身上

这种僵持一般分为几种情况：

第一种情况是销售方有意出售自己的产品或服务，而购买方也有意获得相关的产品或服务，但是由于相关的交易条件还没有谈妥，以至于交易迟迟没有发生。比如购买方认为产品的价格太高，已经超过了自己的心理预期，希望通过进一步的谈判杀价，获得一个接近心理预期的价位。或者销售方认为对方出价太低，不符合自己的心理预期，这笔买卖可能会让自己亏损，因此希望获得更好的报价。

这种情况往往偏于良性，毕竟双方对于交易都持有正向的看法，也都有意达成交易，最重要的阻碍就是一些交易细节和相关的销售条件无法达成一致。这类销售情况往往不太容易制造麻烦，只要双方都有耐心，那么往往会达成某种协议，而销售方要做的就是适当强化自己的优势和立场，尽可能引导对方率先做出妥协。

比如风靡全球的苹果手机，前几年几乎每出一款手机，都会引发世界性的轰动，并在全球各地上演通宵达旦排队购买手机的盛况。这种市场现象对于苹果公司来说非常有利，它可以在销售中占据更大的主动权，诸如推迟产品发售，提升产品价格，或者适当降低配置。

房产商也深谙这个道理，他们常常会在出售房子时，故意告诉消费者"房源不足",即便消费者想要购买房子,他们也会表示"无能为力",这种捂盘的行为实际上就是刻意制造产品短缺的现象,造成房子大卖的假象,然后让更多的消费者抢房。房产商没有必要急于出手,他们懂得抓住购房者的心理,然后比对方坚持得更久一些就行。

第二种情况是指销售方有意出售产品,但是客户并没有购买的意愿,或者购买的意愿不够强烈,他们能够找到其他合适的销售方来替代,这个时候购买方就可能会占据优势地位,并且在谈判中尽量施压。销售方此时想要顺利出售自己的产品,就需要表现得更加耐心,需要拿出更多的诚意,并且想办法通过设定各种条件来吸引对方,并确保自己的合作底线不会被突破。

对于销售一方来说,这种情况往往很不利,但大多数商家和销售员都面临类似的被动局面。毕竟这是一个市场决定销售的时代,销售方再也回不到那种"我生产什么,消费者和客户就购买什么"的供小于求的时代,回不到那种企业占据主动地位的时代了。为了尽可能赢得市场的欢迎,商家和企业不得不想办法迎合顾客的需求,但是在物资繁盛、种类繁多的商品经济时代,任何一家企业都不得不面临"产品吸睛能力降低"的困局。对销售方而言,想要说服客户,无疑

第六章 注意把目光放在客户身上

需要拿出更多的耐性和技巧。

有个商家为了向客户推销自己的产品，主动前往客户公司23次，目的就是说服对方完成这笔双赢的交易。一开始，对方总是以各种理由拒绝，可是在第23次之后，对方实在没有办法提出拒绝了，只好硬着头皮答应进行合作，这笔生意订单就是以这种近乎"赖皮"的方式拿下的。在这之后，客户发现产品非常好用，于是又追加了一批产品。

第三种情况是销售方已经有了比较合适的销售对象，因此并不急于和某个客户进行交易，又或者说销售方拥有多个不错的交易对象，在多个选择下，销售方往往占据更大的主动权，如果条件不好，他没有必要立即与他人谈判，没有必要刻意迎合对方。一般来说，在市场上占据垄断地位或者市场份额较大的公司往往具备这种销售优势，它们根本不用担心市场的问题。文章开篇的两个案例就是典型的第三种情况，销售方占据了更大的优势，因此整个销售活动会相对轻松一些，即便是在漫长的拉锯战中也能保持更大的主动。

无论是哪一种情况，销售方应该秉持的理念就是坚持，尤其是当双方难以达成一致的时候，为了成功销售自己的产品和服务，就需要确保自己尽量坚持得比客户更久一些，当销售方在意志力层面能压倒对方时，将会掌握更多销售机会。

|| 意志力销售法

从服务好第一位顾客开始,然后坚持下去

有个成功的销售员在过去5年里积累了差不多800位顾客,还有差不多2000人成了潜在的顾客,人们对此非常惊讶,因为很多同行在5年时间里可能连100个顾客也找不到,他们无法想象这个销售员为什么能够建立起如此庞大的消费群和客户群。这个销售员笑着回应说:"从你致力于服务好第一位顾客开始。"

"服务好第一位顾客"或许对很多人来说非常简单,毕竟很多人都愿意热情地接待自己的第一位顾客,但对于一个致力于突破更大销售额的优秀销售员来说,良好的服务并没有那么简单。

商家和销售员可以回顾一下自己在第一次销售商品或者推销服务的时候是否表现出了足够好的服务状态,有的人会

说"我在接待顾客时打了半价",有的人会说"我们第一次几乎都是送货上门,还附赠了一些小礼品",有的人会说"我们让顾客免费试用了一个月"。这些行为的确表现出了销售的诚意,体现出了良好的服务态度,但有时候可能还远远不够。

服务好第一个顾客或许没有那么容易,尤其是随着竞争越来越激烈,顾客的角色和地位越来越受重视,这就使得很多顾客在消费中占据了更大的主动权。许多商家和销售员都曾抱怨自己的第一个顾客是最难搞定的,由于不信任相关的产品和服务,他们会提出各种要求和条件,会处处防备和质疑,这给销售工作带来很大的麻烦。比如很多顾客在购买产品之后,突然选择了退货,尽管此前他们已经享受了很多优惠,这时销售员应该怎么做?多数销售员可能会说"产品已经出售,不予退货"。有个商家曾经吐槽说自己第一天出售了10件产品,结果遭遇了5次退货,而对方的理由很奇葩,说是自己不适合这些产品。

一般来说,那些刚刚开辟市场,或者品牌知名度不高的企业,它们第一次为顾客提供产品和服务时,也许会面临各种困难,如何服务好第一位顾客将直接决定以后的发展情况,自然而然,它们必须在销售和服务的过程中表现出十足的耐性和自控力，需要表现出强大的自我认知能力和协调能力。

1996年5月，俄罗斯举办了"第八届莫斯科国际通信展"，当时华为也参加了这项活动，并且希望借此机会一举打开俄罗斯市场。在通信展上，很多俄罗斯客户都兴致勃勃地来到华为公司的展区参观，并且还与工作人员进行了详谈，对方表达了合作的意愿。可是几天之后，俄罗斯表示不愿意提供接入网许可，几经波折之后，华为虽然拿到了接入网许可，可是俄罗斯方面提出了一个严苛的要求，华为必须转让技术，与俄罗斯的第二大交换机生产商贝托合作共同成立"贝托华为"，生产符合俄罗斯市场需求的产品，只有这样华为公司才可以出售自己的产品。

面对客户的刁难，华为公司选择了妥协。而在成立贝托华为之后，华为的销售员发现自己的产品依旧卖不出去，俄罗斯人根本不信任华为的产品，客户也一直想将华为的产品排斥在外，在他们看来，华为的产品质量肯定不好，还不如使用西方企业的产品更加划算。

就这样，华为在俄罗斯市场虽然成立了合资公司，但一直没有生意可做，但即便这样，华为依然在俄罗斯坚持寻找机会，有任何合适的项目都会送去标书。之后亚洲金融危机

第六章 注意把目光放在客户身上

爆发,俄罗斯的经济环境变得非常糟糕,此时西方的巨头企业纷纷撤离俄罗斯,而华为却坚守阵地,并且终于获得了第一笔订单,这是一笔价值38美元的订单。对于一家希望走向国际市场的企业来说,38美元完全可以忽略不计,相信其他公司也不会为这38美元折腾自己。但是华为的销售人员却非常重视这个订单,以最优质的服务帮客户解决了困难。而正是这一笔毫不起眼的订单,让华为开始赢得客户的重视和尊重,大家这个时候才发现华为不仅产品质量有保证,价格低廉,而且服务态度一流,比傲慢的西方企业不知好上多少倍。不久之后,华为的好名声开始在俄罗斯传播开来,俄罗斯市场正式接受华为公司。2000年,华为获得了乌拉尔电信交换机和莫斯科MTS移动网络两个项目,2002年华为成功中标莫斯科到新西伯利亚国家光传输干线全长3797公里的项目。在那之后,华为彻底打开了俄罗斯市场。

对于多数销售员来说,如何做好第一笔生意至关重要,这不仅关系到个人的信心,关系到品牌的形象,还关系到个人对于整个销售活动的把握。所以任何一个销售员都应该重点关注自己的第一次销售活动,尽可能花费更多的精力和时间,尽可能保持强大的毅力,服务好自己的第一位顾客,这对于之后的销售活动会产生非常积极的影响。

亚力山卓·福特是百万圆桌会议有史以来最年轻的会员，而且连续12年取得了顶尖会员资格。他成功的秘诀就在于把事情做精做细，他曾说："我有12位客户，如果我这12位客户中的每一个客户都有12个朋友，假如这12位客户都愿意为我转介绍的话，那么我就会有144位客户。服务好这144位客户之后，假如这些客户都愿意为我转介绍的话，那我就有1728位客户。"

不过，仅仅做好第一次还是不够的，销售员需要确保每一次的销售活动都能够给予顾客最好的体验，都能够带去最贴心的指导和最优质的服务。通常情况下，需要尽可能将第一次服务工作做到位，当把握好第一次服务后，就要立即将这种服务当成一个初级标准线，然后告诫自己在接下来的每一次服务中都要尽量超过这个标准线，并制定新的标准线。

第六章 注意把目光放在客户身上

定期联系客户，强化彼此之间的关系

乔·吉拉德被称为汽车销售之神，也被称为世界上最强的销售员，在十五年里，他一共卖出了13001辆汽车，并且连续十二年创造了销售业绩第一，这样的成就让人叹为观止。

而他之所以能够获得成功，主要来源于250定律。在他看来，每一个客户背后都有大约250个新客户，这些人包括家人、亲戚、朋友、邻居、同事、领导、同学、生意伙伴，他们构成了一个比较稳定的交际圈和生活圈，只要销售员可以为一个客户做好服务，那么就有机会去接触这个客户背后庞大的消费群体和市场资源。

正因为如此，乔·吉拉德多年来一直以最好的服务态度善待客户，他不仅注重沟通技巧，善于通过对话来挖掘客户的喜好和需求，了解对方的消费倾向和消费习惯，而且还注重自身的服务质量，无论对方是否购买他的汽车，他都会保持良好的服务态度，都会以最真诚的态度来面对对方。更加重要的是，他每年都会为自己的客户寄去一张贺卡，在所有的贺卡上，他都会清清楚楚地标注出每个客户的名字，然后写上"我喜欢你"这几个字，确保每个人都可以感受到他的热情和诚意。这个习惯坚持了十几年，也为他赢得了好声誉。

有很多销售员都试图学习乔·吉拉德的销售技巧，学习他的销售方法和销售态度，包括如何与人打交道，如何深入挖掘客户的想法和需求，如何引导客户购买自己的汽车，他们都掌握了丰富的技巧，但问题在于很少有人能够像乔·吉拉德一样十几年如一日地坚持正确的销售方式和保持良好的服务态度，没有人能够坚持十几年都为客户寄去贺卡。

在日常的销售活动中，许多销售员或者商家会在消费者购买产品之前表现出极大的热情，会在购买活动进行的过程当中给予客户最好的服务，一些商家还会做好一些售后服务，但这些售后服务仅限于几个月，随着时间的推移，销售员对于客户的热情会很快冲淡。只要做一个简单的调查，看看有多少销售员会在购买行为发生一年后还记得给客户打电话问候、还记得客户的名字,看看有多少销售员在购买行为发生一年后还能够保持像购买行为发生前那样的服务态度,就能判断出销售员的业绩高低了。

销售员往往看重出售产品这个环节,认为将产品卖出去的时刻就是销售,却不知道销售本身更需要强调服务的态度和质量,整个销售本身就要兼顾服务环节,甚至可以说,服务是整个产品和品牌持续获得关注,并产生积极的市场效应的关键。最简单的一个例子就是海尔公司,这家家电企业不仅拥有出色的技术和产品,而且还拥有良好的服务态度,它服务至上的理念在国内几乎掀起了一股风潮。而这种服务态度和销售风格使得它获得了良好的口碑,并且迅速在客户群中扩散。许多人在购买和使用海尔电器之后,就会主动向身边其他人推荐这一品牌,而这也成为海尔公司快速扩张的一个有利条件。

好的销售是需要保持持久性的,是从产品推广到出售再到服务整个流程的保障,在服务方面,许多销售员都缺乏持之以恒的态度,都没有那种真正长时间投入的状态,对于优秀的销售员来说,他们需要保持一种更为持久的销售热情和良好的服务状态,无论自己的销售效果如何,都要懂得定期问候和拜访客户。比如节假日的时候打一个电话,或者发送一份邮件给客户,又或者拿着礼品去拜访客户,经常邀请客户参加一些公司举办的社交活动或者个人的家庭宴会,增进彼此之间的关系。

有的销售员能够记住每一个客户的名字,能够把握每一个客户的生活习惯和兴趣爱好,能够说出每一个客户的一些基本信息,这不仅有助于他们强化客户的购买和消费意愿,还可以表明一个良好的销售态度。有的销售员会注意收集客户的名单,将所有接待过的客户按照重要性进行排列,然后分类归档,他们不会错过任何一个客户的信息,会尽量建立一个完整的信息资料库,并且不断完善相关信息。一般来说,注重建立客户信息资料库的人往往更容易在销售活动中把握机会。

无论是什么方法,本质上都是强化销售员和客户之间的联系,确保双方之间有更多的互动,而不仅仅局限于买卖行为。事实上,很多销售员和商家将销售活动当成一次性的活动,因此他们更加专注于当前能不能将产品卖出去,能不能让客户立即掏钱,而没有想过客户是否获得了良好的体验,是否会成为回头客,进行第二次消费、第三次消费,是否会充当品牌的传播者,引导更多消费者前来消费。有个飞机销售员退休时,客户公司竟然一次性购买30架飞机为他庆祝退休,这样的客户关系显然超出了一般的销售工作范畴。

从这些方面来看,消费应该是一个比较长的过程,而不仅仅是一个行为,如何掌控好这个过程,把握过程中的各个元素和节点,才是销售获得更大成功的保障,而这个过程的展示无疑需要建立在强大的个人意志力基础上。

07
第七章
做好目标管理，让目标来引导行动

如果销售员的意志力足够强大，往往就会拥有一个非常坚定的目标，无论开始的销量如何，无论自己遭遇的困难有多大，他都会坚定地按照原来的计划行事，会追求最初设定的目标，而不会轻易做出改变。

第七章 做好目标管理，让目标来引导行动

坚定自己的工作目标

销售员往往需要制订一个基本的目标，比如在销售之前制订一个具体的销售计划，提出一个明确的目标，弄清楚自己准备卖掉多少产品，弄清楚自己打算实现什么样的目标。这些目标往往具有强大的指引功能，可以帮助销售员合理规划自己的销售活动，把握合理的方向。

但是许多人会忽略目标的重要性，一些销售员从来不关心自己每天要卖出去多少产品，或者每个季度要完成多少业绩，还有一些销售员则在销售中经常改变目标，当他们觉得目标不容易实现的时候，就会动摇自己的决心，采取妥协或退让的方式，降低目标要求。目标不够坚定，是意志力薄弱的表现，这种表现会影响个人在销售中的状态，并破坏持续的投入和专注。而意志力强大的人往往拥有坚定的目标和强

∥意志力销售法

大的决心,一旦确定了自己将要做什么以及做到何种程度,他们就会表现出强大的执行力,会督促自己克服各种困难去实现目标。

比如有个人准备卖书,初步目标是半年5000本的销量,经过一个月的销售,他只卖出去120本书,距离半年5000本的目标相差甚远,这个时候他心中难免会有一些波动起伏,容易产生沮丧的情绪。这个时候,如果这个人的意志力不够强大,那么他可能会告诉自己:"5000本书不过是一个初步的估算,我估计没法完成了,那就干脆变成1000本书吧。反正这些书并不着急卖掉。"或者他会这样说服自己:"根本没什么大不了的,半年卖不出去,那我就延长到1年。"

意志力的薄弱往往会直接导致个人行动偏离原有目标,一旦出现各种困难,销售目标就容易产生变动,容易随着内心情绪的变化而发生改变,这个时候,放纵自己、拖延执行、放弃目标、改变目标等行为就会出现。这是一个普遍的现象,尤其是当人们意识到自己无法顺利解决销售问题,或者脱离销售困境的时候,率先动摇的就是目标。人们会产生质疑——"我的目标是不是太高了";会产生消极情绪——"我觉得自己大概没有能力做到这一切";也会产生一些妥协心理——"我觉得自己没有必要那么固执"。

第七章 做好目标管理，让目标来引导行动

如果他的意志力足够强大，往往就会拥有一个非常坚定的目标，无论第一个月的销量如何，无论自己遭遇的困难有多大，他都会反复提醒自己："我要将这本书卖出去，而且要卖出去5000本书，一本都不能少。"他会坚定地按照原来的计划行事，会追求最初设定的目标，而不会轻易做出改变。

从现实的工作状态来看，目标坚定的人往往可以更好地拓展销路，他们在销售过程中的表现更为出色，无论是服务态度、工作准备、流程控制、销售动力、销售业绩都要高于那些目标不坚定的人。世界上最出色的销售员和企业都会制定销售目标，并且严格按照目标的导向行事，坚决执行下去。比如苹果公司、华为公司每年都会制定手机销售目标，它们会严格按照计划中的目标开展销售活动，而在过去几年里，它们都会想办法完成销售任务。

需要注意的是，目标的坚定性已经成了内部管理的一部分，很多公司会给销售人员下达指令，规定每个人或者每个团队必须完成多少销量，如果无法完成就将遭到惩罚。一些供应商与合作商之间通常也会签订对赌协议，双方约定一个产品销售目标，只有达到这个目标，对方才能获得相应的提成，如果不能实现目标，就将会承担相应的损失。销售员可

|| 意志力销售法

以给自己设定一个相应的目标,然后观察自己是否能够完成目标,一旦无法如期完成,就将会受到一定的惩罚。

销售通常承受着工作压力,但这些压力并非总是消极的、负面的,坚定地执行计划,或许是缓解压力最直接的一种方式。在销售中,人们通常会谈到销售信念,一个优秀的销售员应该坚定自己的信念,而销售目标就是这个信念中非常重要的一部分,对销售目标的坚持不仅仅表现出个人的自信,表现出个人的责任感和忠诚度,表现出个人的投入和专注,表现出个人的能力与期待,更能表现出个人的意志与决心。强大的信念、坚定的目标、持之以恒的执行力,这些就是销售意志力的重要体现,是销售员必须具备的素养。

比如整个目标应该符合自己的能力,即相关的目标是可以实现或者是有机会实现的,只要想办法提升技巧,想办法提升意志力,销售员是可以把握销售目标的。又比如相关的目标必须建立在合理的期限上,很多人会说"我要做的事情一定会实现,但不是现在,而是将来的某一天",这对销售工作来说往往是一种破坏,当一个目标缺乏时间期限的时候,所谓的坚定只是一种对自身逃避行为的掩饰。

商家或者销售员想要保证销售的业绩达标,一定要保证自己能坚定地执行计划,尽量围绕着目标转动。那么如何才能坚定工作目标呢？最简单的就是保持自信，无论自己面临什么困难，无论自己将会遭遇什么危机，都不要转移视线，都要始终坚信自己可以通过努力和坚持达到自己想要的结果。

‖ 意志力销售法

记得将目标进行切割

  人们在生活和工作中通常都会设定目标，而且在做每一件事的时候都会有相应的目标，但在很多时候，人们对于目标的追求会陷入恐惧的心理状态，这种恐惧可能会使得他们错误地估计自己的能力，会陷入逃避的心理状态，他们会觉得自己无法胜任相关的任务，觉得自己还不具备解决问题的能力，这个时候，他们会和目标产生越来越大的距离。

  许多人抱怨自己意志力不足，难以完成那些高难度、高挑战的任务，并且很容易在解决问题的过程中丧失信心。而依据目标切割法，人们没有必要将目光聚焦在那个令自己感到焦虑的大任务或者大问题上。比如某人准备一个月内出售30辆车，这样的任务量对于任何销售员来说都是一个挑战，因此很多人从一开始就产生了恐惧心理，坚持的意愿会变得

第七章 做好目标管理，让目标来引导行动

越来越弱。如果销售员能够对大目标进行切分，分成每周卖出去7辆车，或者每天卖出去1辆车，这样就可以将目标难度降低，个人的心理压力和负担也会下降。而且人们可以在每天或者每周完成任务后抽出一段时间调节身心、积蓄力量，向总目标发起攻势。相比于直接挑战某个大目标，将目标切分之后，执行者所面临的压力会更小一些，成功的机会也更大一些。

这是锻炼意志力的一个有效方法，整个方法的原则就是循序渐进，即人们没有必要一下子完成目标，分成几个步骤或者几个部分往往效果更好。这是对整体与部分所造成的不同心理体验的一个有效区分，尽管在很多时候，人们会认为一个东西分解成好几个部分后，两者并没有什么区别，就像一个10和10个1的集合体一样。但是两者对于个人的心理压迫往往是不同的，整体往往会带来更为集中的压迫感，分割的部分则相对温和一些。这也是为什么在很多时候，人们会对某个目标或者某件要做的事情产生恐慌心理，认为自己不具备解决问题的能力，认为自己无法顺利实现这个目标，而一旦将这个目标切分之后，就会觉得自己的压力小很多。

最简单的例子就是，公司的老板要求某员工这个月内必须卖出600个产品，对于销售员来说，600是一个惊人的数

据，一般人都会感到吃惊和恐惧。可是如果分解成每周约150个产品的任务量，每天20个产品的任务量，面对的压力就会相对小很多。从心理学的角度来看，"整体"往往具有规模上、体量上的优势，这种优势会给人造成一种压力，而分解之后，人们会在每个不同的阶段面对规模相对较小的部分，承受的压力无疑会小一些。从这一方面来说，分解任务是一个有效消除距离感的方法，可以有效拉近销售员与目标之间的距离，使他们觉得自己能够完成目标。

对于销售目标的切割往往有两种方式，一种是步骤上的切分，一种是体量上的切分。步骤上的切分即对销售步骤进行分析和规划，弄清楚自己第一步要做什么，第二步要做什么，第三步要做什么，每一个步骤都有明确的行动方案，每一个步骤都是为了确保下一步走得更加顺畅。

某人开了一家咖啡馆，他希望咖啡在第一年能够吸引足够多的顾客光顾，并且销售额突破50万元，为此，他第一步应该装修店面，营造一个顾客喜欢的风格；第二步应该做好宣传广告，制造品牌效应；第三步要招聘能力出众的业务员，制定相应的管理制度，提升服务质量；第四步要推出特色产品，并定期举行一些促销活动，强化销售的力度。

步骤上的切分往往更加注重时间和顺序上的逻辑，无论

第七章 做好目标管理，让目标来引导行动

是时间段的划分，还是先后顺序的合理分配，这些都是对实现总目标进行逻辑上的规划，事实上，一旦逻辑被破坏或者被打乱，那么整个目标的切分也就失去了意义。

体量上的切分就是平时所说的将整体切分成部分，所有被切分的部分最终可以组成一个完整的目标。比如前面提到的将一个月600件产品的销量切分成每天20件产品的销量，这就是典型的体量切分，是将大目标切分成小目标的一种表现形态。

又比如，某机械公司准备出手10台机器给客户，这个时候，将10台机器直接运送到客户那里可能不太现实，于是可以选择拆分目标，将机器切分成各个不同的组件，然后将这些组件分批次运送到客户那儿。

需要注意的是，体量上的切分是对总目标的合理分配，通过对目标总量的分解，能够将任务分配到各个具体的时间段，进而降低任务的难度。

而无论是哪一种切分方式，本质上都是对个人耐力的考验，都是对销售活动的一种合理分配，切分的目的就是确保销售员不会产生恐惧心理，不会被某一个目标吓倒，从而保持强大的毅力和自控力，确保自己可以脚踏实地，保持更加稳定的节奏和状态，一步一个脚印向前走。

‖ 意志力销售法

严格设定任务清单

许多人在工作时具有记录的习惯,他们通常会在工作之前制订一份严格且详细的任务清单,并且每天都严格按照自己的任务清单行事,他们会将相关清单列出来,并且记录在案,这些清单可以记录在纸上、电子邮箱、文件夹、U盘、光盘、工具箱、桶或者篮子里。从心理学的角度来分析,将相关任务列成清单是为了确保所有需要去做的事情被明确地记录下来,而不是耗费大量脑力去记忆这些清单上需要注意的内容,这样就可以将大脑内部有关工作事项的记忆清空,从而解放大脑的思考功能。

而任务清单的另外一个重要功能就在于摒弃一些自己没有必要去做的事情,从而细化自己每天应该要做的事情,避免自己的意志力在其他一些无关痛痒的小事情上被大量消耗掉。人们或许没有意识到自己的精力和意志力往往会因为分散的工作而遭到削弱，一些没有意义的工作可能会让人失去信心和耐心，会导致个人的计划受到严重影响。

在销售工作当中同样如此，销售员或者商家必须懂得将有限的能量集中起来运用到最重要的销售工作上，这里谈到的最重要的工作并不单单指那些最重要的商品，也指那些最重要的客户，考虑到二八定律的内容——20%的优质客户占据了80%的资源，20%的优质客户能带来80%的市场和利润，因此想办法同那些优质客户打交道成了工作的重中之重。

销售员需要列出自己每天应该做的那些最重要的事情，要接见和拜访的最重要的客户，这是价值集中利用和资源集中利用的一种主要方式。一般来说，销售人员在前一天晚上就需要对第二天要做的事情进行分析和整理，找出那些关键要素和重要的工作。很显然，意志力销售法的一条重要法则就是坚持选择最优的、价值最大化的销售方式，这也是为什么销售员需要花费时间搜集客户信息、整理客户资料，需要想办法对自己的客户进行一个系统的分类，找出关键的客户源。

不仅如此，销售员有必要将自己第二天要卖的产品、要接触的客户、要整理的客户资料、要完善的服务环节,以及要完成的相关准备工作全部列出来,并制定比较合理的销售策略。这些东西并不是必备的工作,也没有人要求销售员必须这么做,但意志力强大的人会约束自己去做好相应的准备工作,会强化自身的主动性和积极性。尽管有时候会让人觉得很厌烦,但是优秀的销售员需要对自己的每一个行为以及销售的每一个环节进行合理设计。

有些商家为了能够拜访更多的客户,每天都会制定拜访客户的出行路线,选择最优的线路,以便减少出行时间。他们还会特意查看不同客户的居住场所和工作场所,然后依照距离的远近和路线设定最合理的出行线路,避免走重复的线路。

意志力强大的销售员往往更加高效,也更具竞争力,他们在工作中非常善于做准备工作,非常善于对自己的工作制定合理的流程,他们绝对不会轻易浪费时间,不会轻易浪费精力,他们会花费更多的精力进行精准设计,确保相关的活动更加合理高效。许多人每天都要比别人见更多客户,但是他们并没有表现得过分疲劳,没有表现出手忙脚乱的样子。有的销售员每天的业务量很大,需要接待很多客人,但所有的工作看起来都非常干练,没有太多复杂和冗余的环节。

第七章 做好目标管理，让目标来引导行动

严格设定任务清单是销售员对个人日常工作的一种精细规划，是个人准备工作中非常重要的一部分，而想要做好这件事就需要强大的意志力，毕竟多数人都没有这样的习惯，也没有多少人在每一天的工作中能长久地坚持这些行为。严格制定任务清单的人，会对自己每一天要做的事情以及要达成的目标有一个基本的要求，这是他们能够将销售工作做到位的原因。对任何人来说，这都是一个挑战，人们不仅要分辨清楚哪些事情是重要的，哪些事情是次要的或者不重要的，同时还要坚持这样的工作。

设定任务清单会带来更为系统的、规范的工作模式，会提升销售的效率，但需要注意的是，总有一些意外的事情会干扰原本的计划，总有一些事情会打乱原有的清单，销售员必须做好应对措施，避免一天的计划受到影响。此外，每完成一件事情就要在清单上删除这个任务，而且最好保证自己每天都可以完成清单上的事情。

销售本身是一个相对自由的工作，但它仍旧需要一个严密的体系，需要严谨的时间管理方式和成本控制模式，加上这是一项长期的工作，也就需要销售员持之以恒地进行合理设计，这样才能确保整个销售工作简洁、高效。

‖ 意志力销售法

销售工作需要时间的积淀

许多人将销售工作当成机器操作一样（认为销售工作很枯燥），相比较而言，销售员还真的应该像机器一样精准且具有耐力，能够每天重复同样的工作，能够长时间保持工作热情和工作效率。许多销售员可以二十年如一日地从事同样一份销售工作，许多销售员愿意花费十年时间来改善自己的销售技巧，许多销售员终其一生都没有想过离开销售岗位。

如果不考虑工作状态的话，一个人在销售岗位上待的时间越长，就越能够证明其意志力的强大，毕竟当一个人愿意长时间投入销售工作当中时，势必需要强大的意志力作为支撑。意志力考验的是人们对某件事、某个行为的从一性，意志力强的人可以数十年如一日地做某件事或者从事某项工作，而意志力薄弱的人更容易出现跳跃性，他们更容易在一些不顺心的情况下做出调整和改变。

有个人看见市场上的西瓜很好卖，于是就学着老农开始卖西瓜，可是没过几天他就厌烦了，觉得西瓜利润太薄，而且运输过程中破损较多，顾客还喜欢挑三拣四。这个时候他看上了金银首饰，觉得这些商品更值钱，而且盈利空间很大，所以借钱开了一家金饰店。可是没过几个月就因为生意不好而关掉了店面。这个时候他又盯上了代理工作，认为当一个啤酒代理商挺不错，但是还不到一年，他就觉得竞争太过激烈而放弃。就这样，他先后换了多份工作，做了好几门生意，最终都惨淡收场。

销售并不是一个动作或者行为，并不是一时一刻的行为，而是一个持续性的状态，优秀的销售员能够长时间保持对工作的忠诚和热情，能够长时间保持专注，他们更愿意通过长时间的沉淀来强化自身的意志力。尽管时间并不是一个绝对的因素，并不具备决定性的影响，但是如果销售员在工作中不具备长时间坚持下去的耐力，就根本不可能拥有足够强大的决心来完善自己的能力。

有个新入职的保险业务员向上级负责人抱怨业务不好做，每天跑来跑去的生活太累，而且工作压力很大，业绩却始终平平无奇。该职员对负责人说："我不知道您这些年是如何坚持下来，并获得成功的。"负责人微微一笑："只有在这份工作上干满5年时间，你才会知道这一切对自己意味着什么，你才会知道自己究竟能不能将工作做好。"

时间也许是意志力最好的载体，也是衡量意志力是否强大的工具，那么该如何设定时间呢？销售员不能麻木地告诉自己"我要坚持做10年"或者"坚持做20年"，任何工作都需要通过目标的设定来完美展示时间的概念，需要通过目标的设定来强化时间的影响力。当人们强调自己应该做几年的时候，首先要制定一个相应的目标。

通常情况下，销售意志力往往取决于人们对工作的定位和对工作目标的定位，工作目标越远大，个人坚持的动力越足，持续时间越长。如果问销售员"为什么要选择这份工作呢"？答案往往都不一样，而不同的回答往往隐藏着不同的心态和不同的意志力水平。

"我的目标是一年之后争取依靠自己的工资买一部手机"——这样的人往往只看重当前的需求，目光比较短浅，没有什么远大的理想和发展愿景，因此往往只有一时的工作劲头，他们对待工作的态度非常随意，缺乏比较明确的规划，容易受到外在因素的影响而换工作。

"我的目标是有10万元的存款"——这种人有一定的目

标，但没有更为长远的人生规划，在很多时候他们表现得激情四射，也愿意表现出强大的执行意志，但是工作对他们来说只是一个改善生活的方式，只是一个为生活提供保障的工具。正因为如此，他们对于工作的投入并不会太高，而且非常容易将工作进行阶段性切割，任何一份工作的时间可能都不会太长，因为下一次，他们还会追求其他工作岗位来赢得更多的利益。

"我希望获得成功，希望自己可以成为最好的销售员"——这样的人往往拥有较高的需求层次，他们更加看重自我价值，更加看重他人的认同。正因为如此，他们在工作中表现出更为强劲的势头，会表现出更加强大的执行力和意志力，即便遭遇各种困难，他们也愿意花费更长的时间以实现成长和人生的积淀。

当人们的需求层次更高时，人们对于销售工作的认知程度也就会更深，对于自觉执行销售任务并自觉实现人生目标会产生更大的积极性，他们也更愿意花费更多时间来沉淀自己、提升自己。可以说时间的长短和目标的大小有着最直接的关联，当销售员设定更高层次的工作目标，设定一个需要花费更多时间和精力来达成的大目标时，个人的行动就会获得更多的约束和指引。

及时总结并反省销售问题

在销售工作展开的过程中，通常会谈到流程的问题，从整个企业或者团队的运营情况来看，销售工作是流程中的一个环节，它和产品的采购、生产、质检、包装，以及财务都属于流程中的一部分。而销售工作本身也有一个流程，它包含了准备工作、客户接待、产品和服务供应等多个环节。在反省的过程中就要对各个环节进行分析，这种反省包含了两个方面，一种是针对整个销售工作进行反省，一般是销售工作结束后进行反省；一种是针对销售工作中的环节进行反省，一般是一边推进销售工作，一边进行流程上的控制和监督，确保整个活动流程稳步有序地推进。

一个合格的销售人员应该培养控制销售流程、检查销售流程并在反省中改进销售流程的意识，应该想办法加强销售流程的监管和改进，坚持每隔一段时间就对自己的销售工作进行总结和反省。

许多销售人员经常会抱怨顾客不买自己的产品，抱怨没有人愿意选择自己的产品，他们一遇到挫折就容易陷入一些比较激进的主观思维中，比如认为这些顾客根本无意购买自己的产品，或者对自己的产品和服务丝毫不感兴趣，就像一个喜欢特斯拉汽车的人不会购买宝马汽车一样。这类销售员通常会产生一些比较消极主观的想法，比如"这个客户不合我的菜""这个客户有点儿难缠，我不想多费心思""我应该找那些更合适的顾客和客户"。

对于销售员来说，当自己的产品无人问津时，往往需要客观理性地寻找原因，需要对自己的销售工作进行分析和总结，需要对自己之前的销售环节进行详细的分析，找出问题后及时反省和改正。比如常见的销售不好的原因有：产品性能、价格和质量不占优势，品牌效应低下，导致产品缺乏足够的竞争力和吸引力；服务态度不佳，让顾客感觉不到"宾至如归"的感觉，这也影响了顾客对产品和服务的态度；产品完全不符合顾客的需求，在市场上没有什么买卖的价值，对方根本没有购买的兴趣和欲望。

任何一个销售问题都有对应的原因，没有顾客会平白无故地拒绝产品和服务，问题通常都出现在销售工作当中。有的人也许会说："我的产品性能和价格都让顾客满意，服务态度也非常好，顾客也有购买的意向，为什么对方就是不愿意掏钱呢？"原因很有可能在于销售员还没有弄清楚谁才是最终的决定者，谁才是最终决定是否购买的人。由于弄不清楚状况，当销售员误以为自己十拿九稳的时候，交易可能会被真正的决定者否决掉。

对于销售员来说，总结和反省是销售工作中非常重要的一个环节，也是最容易被人忽视的一个环节。通常情况下，销售员觉得自己只要服务到位，将产品成功推销出去就算是一个完整的销售流程，至于后期的效果怎么样他们并不在乎。这种"产品脱手即结束"的销售想法显然会影响以后的销售工作。

比如销售员经过一番周折，成功将产品推销给了顾客，从结果上来说，这是一次成功的销售，但是顾客购买了产品之后显得有些不开心，并且也没有像之前所说的那样"产品看起来很不错，下次我还会过来买"。为什么顾客会不开心，为什么会爽约呢？销售员如果不去思考和解决，那么问题就会一直存在，下一次遇到另外一个顾客时，就可能会出现同样的情况，或者无法顺利把产品销售出去。

一些优秀的销售员每隔一段时间就会对自己的销售工作进行总结，通常他们都有做记录的习惯，比如自己做了什么，花了多长时间完成交易，究竟失败了几次。同时会记录自己的销售习惯和在一些重要环节上的不足，诸如是不是自己介绍产品的时候过于啰唆，是不是自己的态度不够真诚，是不是表达上欠缺一些说服力，又或者没有了解对方的需求，没有注意谈话的场合。通过这种总结，销售员可以对整个销售过程进行监督和反省，了解自己在哪一方面做得不错，在哪一方面做得很糟糕。对于好的地方应该及时总结经验，将其当成一个重要的技巧，并且纳入自己的方法论当中。对于那些不好的地方，则要及时进行反省和分析，寻求改进的方法。

有的销售员则更加谨慎，他们会做好每一天的进度管理，随时了解自己的动态，这样就可以对自身的销售情况有一个更为细致的了解。等到一天的工作结束后，他们会回顾一整天的劳动，将每一个重要环节剖析开来，看看哪里可以改进，哪里需要改变方式。

对于整个销售活动来说，总结和反省是一项需要长期坚持的工作，无论是一周一次总结，还是每天都坚持做记录，最终都需要将所有的总结报告结合起来分析，这样才能看看自己在找出问题之后是不是已经顺利完成相关的改进工作，在改进的过程中是不是出现了方向性的错误，是不是存在什么遗留的问题和新出现的问题。通常，坚持的时间越长，那么反省的效果就会越好，销售活动也会越完善。

从某种意义上来说，出售产品只是整个销售过程中的一个环节而已，而且并不是一个终极环节，人们还需要服务，还需要把握反馈信息，还需要期待获得更多的回头客，在销售中，如何留住顾客有时候比如何吸引新顾客更加重要。如果仅仅只是成功卖出去一件产品，而不注重后续的服务，那么顾客可能就会流失，而事实上，这种流失非常常见。由于每个销售员都无法将顾客固定在自己的手上，如果顾客对销售员的产品和服务提出异议，或者感到不满，那么他们就会像鱼一样游到其他销售员那儿，他们总会找到其他的替代者，而对于销售员来说，找到新的替代者总是比较困难。

销售专家认为好的销售方式就是确保自己能打造一个稳定的鱼塘，所谓的鱼塘其实就是回头客聚集的地方，鱼塘里的鱼越多，就意味着销售员拥有的固定客户越多。而打造好鱼塘则需要投入更多的精力，必须保证自己的产品质量，保证服务的态度，而这些都建立在对自身工作的总结和反省基础上。

节制你的意志力

由于意志力非常宝贵，且容易在一些让人感到不舒适的事情上消耗掉，因此人们应该尽量避免对那些不可控的事情花费太多心思，他们要做的就是坚定自己的目标，按照之前的计划行事，一旦遇到一些突发状况，能解决的就快速解决，而不是从一开始就消耗众多的精力去想着如何避免意外的发生。

意志力强大的人不会在那些不可控的事情上分散精力，如果一件事情是无法准确预料或者无法避免的，那么他们绝对不会花费太多时间去想着如何规避风险，在设定一些必要的防御措施之后，他们更加倾向于坦然面对。这样的人通常不会抱怨交通堵了，不会抱怨自己的客户突然毁约，不会抱怨坏天气影响了自己的销售工作，不会抱怨一些未知的因素对销售计划造成的影响。当问题出现的时候，他们唯一的想法就是在事情变得更糟糕之前解决它，而不是试图从一开始就做到万无一失。

在销售工作中最常见的就是执行意志不坚定，具体表现为执行者事前有着明确的销售目标，有着明确的销售计划，可是当他们准备按照计划执行的时候，却产生了各种想法："万一这个计划出现了纰漏该怎么办？""我是不是应该销售其他产品？""我不清楚会不会受到某些突发事件的困扰。""这个计划还不算完善，有些地方我还拿不准。"当执行者开始对可能产生的一些不可控的情况过分担忧时，整个计划会就此搁置，目标也会变得摇摆不定。

很多人都会对自己的目标产生怀疑，这种怀疑有时候并不在于对个人能力的不信任，而在于对自己控制力的质疑，他们不知道什么时候就会出现意外，不知道自己什么时候就错过了一些重要细节，或者有某些地方没有考虑周到。为了确保整个销售流程无懈可击，他们会想办法对各种可能出现的情况和意外进行分析。会不会有人出来捣乱，会不会突然下雨，客户会不会突然爽约，客户会不会被堵在路上，会不会有什么东西忘了带了，会不会存在更合理的方案？但没有任何一个流程会是绝对合理的，没有任何销售工作会毫无波折和压力,即便是计算得再仔细,设计得再完美,也不可能将所有不可控因素考虑在内。

如果想要追求完美,想要确保实现最优目标,那么可能就会让自己陷入挣扎,就会在那些不合理的思考中浪费时间和精力,无谓地消耗大量的意志力。因此销售员必须改变自己的错误行为,一个人对于未来的行动做好规划很有必要,但是过分小心,希望将所有的外在因素考虑在内,将所有因素控制在自己手中则是不现实的。

除了对计划要保持必要的宽容和弹性之外,当一些不可控的事情发生之后,如果结局不可更改,那么不妨选择一些新的出口,重新制订销售计划,避免自己受到之前事件的影响。销售员必须时刻保证自己将意志力、能量、专注力集中在那些最重要的事情上,集中在最值得追求的目标上。

法国一家公司的销售员和非洲的某个大客户谈拢了一笔生意,这笔生意只等着双方签订合同就可以生效,可是正当他准备飞往非洲签合同时,却被对方告知再考虑两天,他只能暂时作罢。结果两天之后,当他再次打电话确认签合同的时间时,对方却因遭遇了意外已经去世,公司的一大笔业务就此搁置,他找不到可以接手的人,也找不到对方所在公司的相关负责人继续洽谈业务,签订合同。这个时候,销售员感到非常失望和遗憾，毕竟这笔单子签订之后，自己将会获得一大笔提成，而且公司也可以顺利打开非洲市场。

面对突如其来的变故，销售员显得有些慌乱，但是很快他就意识到这样的局面不可更改，与其继续在这件不可控也无法挽回的事情上耗费心力，不如及时抽身，寻找新的客户。就这样，他主动放弃了这个订单，并且很快找到了新的客户。

优秀的销售员会以更加豁达、更加宽容、更加积极的心态面对出现的变化，会以豁达的心态来面对自己将要面对的困难，或者包容自己所不能控制的那些外在因素，这是他们保持自然状态并保存意志力的一个重要方式。

销售本身就含有许多未知因素，相比于其他工作来说，销售需要考虑的东西很多，受到干扰的可能性也很大，因为销售更多时候需要发挥主观性，销售员拥有很大的表现空间。对于客户来说也是一样，他完全可以在一种相对自由的状态下做出任何对自己最有利的选择。正因为如此，销售员在销售过程中容易出现各种"意外"，这些意外决定了多数销售活动的成功率不会太高。

但是销售员必须在"做好准备"与"保存意志力"之间

取得一个微妙的平衡，这种平衡的关键就是将那些不可控的因素排除在正常规划之外，并且避免花更多时间来应对这些无法合理应对的事情，这样就可以保证自身的注意力。

08
第八章

锻炼出钢铁般的意志力

在锻炼意志力的时候,销售员可以设定一个时间期限,看看自己可以在挣扎中坚持多长时间。而一旦他们克服了心理障碍,顺利完成了相关任务,就证明他们已经能够有效缓解意志力消耗和意志力不足的问题了。

第八章 锻炼出钢铁般的意志力

挑战高难度的销售任务

约翰·莱希出生于一个天主教家庭，父亲希望儿子长大后成为神父，虽然莱希遵从父亲的意愿在天主教大学选择了神学专业，但是却努力打工挣钱，希望报考飞机驾照。24岁的时候，他顺利拿到了飞行员执照，并应聘为一名夜间货运航班的副驾驶。后来觉得生活枯燥乏味的他选择攻读MBA，涉猎金融学和管理学。

在攻读MBA的过程中，他意识到虽然自己喜欢飞机和金融学，但两者不能同时进行，毕竟自己的精力非常有限。经过一段时间的挣扎之后，有一天他突发奇想："有没有什么办法可以将两者融为一体呢？"就这样，他还真的找到了一份最佳的工作，那就是飞机销售工作。

不久之后，他进入美国一家飞机制造公司担任销售员的

意志力销售法

职位，结果第一年，依靠着坚持不懈的努力以及每天四处跑客户的工作劲头，他就从一个毫无销售经验的毛头小子变成了一个年销售飞机38架的超级销售员，而38架飞机正是该公司前三年的业绩总和。公司高层对此非常震惊，于是直接将莱希提拔为公司的销售总监。

对于一般人来说，出色的业绩加上较高的工作职位以及不低的薪水，这已经是一个销售员所能达到的巅峰了，但莱希并不满足，他非常渴望了解自己的极限在哪里，所以他直接跳槽进入空客公司担任普通的销售员。在空客公司工作的前8年时间里，他的业绩始终保持前三，但是一直没能获得提拔。1994年，空客公司面临业绩不断下滑的窘境，首席执行官对此非常不满，直接将销售总监辞退，而莱希因为业绩突出被任命为新的销售总监。

上任之后，莱希立下军令状："5年内，将空客公司的市场份额提升到50%。"这样的表态一度让人觉得他是不是疯了，是不是太过于狂妄了，因为当时空客公司的市场份额只有18%，而最大的对手波音公司占据了60%的市场份额，这样悬殊的差距可不是一句大话就能解决的。

据说波音公司的销售总监听到这样的豪言后连连嘲笑。他想空客公司要是真的做到了50%的市场份额，那么自家的狗也能当总统了。但事实证明，所有人都低估了莱希的能量和决心,低估了他强大的意志力。在接下来的时间里,莱希几乎将全部的精力投入销售工作当中,并且一直都在想办法完善销售方法和销售体系,对于任何一个销售环节和销售因素都进行修正、完善,结果仅仅花了4年的时间,空客公司就顺利占据了市场50%的份额。

莱希在空客公司一共待了33年,为公司的市场扩张做出了重大贡献,而反观波音公司,为了和空客公司竞争,在33年时间里一共更换了8位销售总监,却没有任何一个人可以击败莱希。就在2017年,他退休前一年,他还为公司拿下了价值420亿欧元的大订单,而在这一年,他一共卖出875架飞机。

挑战是销售员必须面对的一个重要问题,一个人可以浑浑噩噩地在销售工作上待上10年时间,每天都重复一些毫无压力、毫无激情的工作,也不用给自己设定什么目标;也可以将这10年时间活成不断接受挑战、不断提升个人极限的美好时光。销售工作本身就具备一定的挑战性,但是只有人们从主观上强迫自己去突破极限,去不断尝试着给自己寻找更高的目标,才能完成挑战,才能确保自己的意志力不断得到提升和强化。

那么该如何去设置挑战呢?这里所提到的挑战往往是分步骤的,简单来说,挑战的难度不宜过高,而应该本着循序渐进的原则慢慢推进，慢慢提升。对于销售员来说，他可以在现有能力或者业绩的基础上再提升一点，设定一个更高的奋斗目标，设定难度更高的项目，然后进行冲刺。等到实现这个目标之后，再选择一个更高的目标，每一个目标之间的增长幅度不宜太大。

比如某个销售员最近七个月的月销售额分别是50万元、50万元、53万元、51万元、49万元、51万元、50万元，可以说53万元是一个销售高峰，为了达到这个业绩，销售员付出了很大的努力。这个时候如果想要增加一些挑战，那么考虑到近七个月的平均销量以及最高销量，或许将销售目标定位在54万元或者55万元是最合适的。销售员不能盲目地将目标定到57万元甚至60万元，这样的跨度无疑会增加难度，使销售员产生恐惧心理。

健身界有一个词叫超量恢复，主要是指一个人在锻炼身体之后会消耗掉大量的体力，如果能够及时休息一段时间，那么这个人的体能可能会高于训练之前的水平状态。超量恢复也叫超量补偿，是一种比较特殊的生理补偿机制，而这种机制在抑制力培养方面同样有效。如果人们一次次将自己的意志力耗尽，那么在进行特定的休息和能量补充之后，意志力会高于之前的水准，也就是说消耗意志力可能会产生一种激发意志力的作用，这也是突破意志力极限的一个理论依据。

接受更高难度的销售任务无疑是一次重大的挑战,这种挑战会对个人意志力形成极大的冲击和消耗,而在适度的休息、补充和恢复之后,人们将会获得比之前更高的意志力水平。不过依据斯金纳的行为主义理论,当个人的意志力被过度消耗之后,可能会引起沮丧、焦虑、恐慌等负面情绪,这些负面情绪会损耗人们的热情。因此最好的方式就是在意志力消耗过度时放弃继续。

如果销售员接受挑战后最近五个月的销量达到了55万元、53万元、54万元、54万元、55万元,那么就表明挑战非常成功,这个时候他可以更进一步,选择挑战57万元的目标了。

总而言之,在接受更高的挑战时,应该及时认清自己的实力,明确自身所扮演的角色和定位,了解自己所处的层次,了解自己正在做的事情,了解自身的优势。只有对自己的位置以及优势有一个基本的了解,才能制定更高的工作目标,并确定这个目标在哪一个层次上。

‖ 意志力销售法

做自己不喜欢做的事情

心理学家发现，意志力的强弱往往和个人的理性行为相关，而理性思维是由大脑皮质控制的，作为大脑的司令官，大脑皮质能够掌控和抑制大脑边缘产生的冲动情感以及冲动行为，堪称大脑内部的理性中枢。一般情况下，当人们需要保持理性的行为时，大脑皮质会下达理性命令，并将这些命令迅速传达到大脑边缘，确保人们不会被愤怒、嫉妒、暴躁等不良情绪影响，不会产生一些不合理、不理智的行为。但大脑皮质本身只负责制造理性思维，而不具备传输理性命令的能力，它和大脑边缘之间需要建立一个中介，或者说建立一个信息传输装置，而这个信息传输装置就是眼窝前额皮质。

而且生理学家发现，意志力和大脑内部的眼窝前额皮质息息相关，它是一个和情绪加工有关的脑区，位于前额叶，接受来自丘脑背内侧核、颞叶、腹侧被盖区、嗅觉系统和杏仁核的直接神经传入，并负责将神经传送到大脑多个区域，通过感知周围环境以及额叶其他区域做出的决定，对身体的行为和生理反应施加必要的影响。

眼窝前额皮质主要分为三个功能区间，分别负责"我要做""我不要"以及"我想要"。其中"我要做"主要处理一些枯燥的有压力的工作，主要功能是坚定个人的意志力，当人们觉得销售工作不好做，很困难的时候，这一区域就会提醒人们"这件工作必须完成，不能逃避"；"我不要"主要是抑制冲动，功能在于提醒人们"这件事不能做"；"我想要"主要处理个人的欲望和生活目标，当人们产生其他一些想法来干扰销售活动时，这个区域就会做出反应，提醒人们要强化执行力。

在日常生活和工作中，人们需要掌握驾驭"我要做""我不要"以及"我想要"这三种力量的方法，需要借助这三种力量来强化自身克服困难的能力。不过在日常生活中，人们通常会对自己面对的事情进行选择，而且倾向于选择自己擅长的、感兴趣的、对自己最有利的事情，但生活并非总是顺心如意，很多时候人们需要面对一些自己不想面对的事情，会遭遇一些自己无法逃避的为难之事，一味选择对自己最舒适的事情，无疑会大大降低意志力的界限。

比如有的销售员只负责卖贵重物品，因为它们获得的利润和提成更高。他们不喜欢那些相对廉价的产品，毕竟这些产品提成不高，对自己参与销售活动的吸引力不足。有的销售员不愿意销售那些回报不及时的产品，他们更喜欢回报及时的产品，只要利益见效快，那么就值得去做。有的销售员会选择性销售某些产品，他们觉得自己出售某些产品时比较顺手，而销售其他产品则觉得有些不适应，无法释放自己全部的热情。有的销售员则喜欢做一些相对轻松的销售工作，对于那些比较复杂的销售工作比较排斥和反感。或者他们更喜欢选择某种相对简单的销售形式，对于其他销售方式感到不自在。多数销售员可能更加愿意待在店里吹空调，或者在办公室里给客户打电话，又或者坐在咖啡厅里谈论业务。他们并不喜欢顶着烈日发传单，不喜欢在外面拉着每一个遇见的人做市场调查，也不喜欢发表促销活动的露天演说，对他们来说，这些户外的销售活动让人备受煎熬。

在《吃掉那只青蛙》这本书中，作者博恩·崔西提到了这样一个观点："如果你每天早上醒来做的第一件事情是吃掉一只活青蛙的话，那么你就会欣喜地发现，在这一天接下来的时间里,再没有什么比这个更糟糕的事情了。"按照博恩·崔西的说法,生活和工作中不可能事事如意,总会出现一些让人觉得难堪且不愿意面对的事情,总会有一些自己讨厌或者害怕面对的事情存在,而为了确保自己能够有一个更加轻松的生活旅程,最简单的方法就是主动面对和解决这些事,不要试图去逃避,只有学会面对它们,才有信心和毅力去解决问题。

在销售工作中也应当如此,当人们容易对销售工作产生恐惧心理的时候,更应该积极主动地面对那些自己不喜欢做的事情,并通过这种磨炼来提升自己的意志力。在心理学上,存在一种特殊的方法——暴露疗法。其基本原理就是让销售员直接面对那些可能消耗意志力的事情,面对那些自己不想做或者觉得难以应付的事情,然后在不断的消耗和自我克制中提升耐力。

比如,有的销售员认为出去发表销售演说有些难度,因此会对这类工作感到厌烦和恐惧,在面对这些工作时容易失去信心和耐心。为了增强自己的内心承受力,确保销售意志力得到提升,就需要更多地创造条件让自己登上销售舞台演讲,通过演讲来强行抑制自己的恐惧心理和不适应。通常情况下,只要坚持锻炼几次,就可以有效减轻不适症状,并且提升自身的适应能力和承受能力。

在锻炼的时候，销售员还可以设定一个时间期限，看看自己可以在挣扎中坚持多长时间。一般来说坚持的时间越长，证明治疗效果越好，而一旦他们克服了心理障碍，顺利完成了相关任务，就证明他们已经能够有效缓解意志力消耗和意志力不足的问题了。

第八章 锻炼出钢铁般的意志力

努力养成销售工作的好习惯

　　心理学家认为，在做事之前，人们往往受到两种力量的影响，第一种是内驱力，即人们依靠什么来驱动自己去做这件事。这种内驱力可以是物质上的，也可以是精神上的。比如有的销售员会认为自己在岗位上一直坚持下去是为了挣到更多的钱，拿到更多的提成和奖金，从而维持一家老小的生活开支。有的销售员之所以坚持要把工作任务完成，是出于对公司和上级领导的忠诚度，是出于对工作的责任感。还有一些销售员是因为希望能证明自己的价值才选择坚守岗位的。内驱力的类型多种多样，而它们存在的目的都是一样的。

　　除了内驱力之外，第二种力量就是习惯。习惯是日常生活和工作中最常见的一个词，几乎每一个行为，每一个想法都和习惯有关。通常情况下依靠内驱力需要消耗更大的能量和意志力,而当内驱力成长为一种能够应对相关挫折和困难的力量时,它就容易转化成为一种习惯,人们不再需要想着"我要怎么样""我有责任怎么样",他们会自动做出最合理的行为。

杰克·霍吉在《习惯的力量》一书中这样说道:"我们每天做出的大部分选择似乎都是精心考虑的决策结果,其实不然。这些选择都是习惯的结果。虽然每种习惯的影响相对有限,但随着时间的推移,你吃饭时点的菜,每天晚上对孩子们说的话,你是储蓄还是消费,锻炼的频率,以及你的思维组织与日常工作安排,对你的健康、工作效率、经济保障以及幸福都会有巨大的影响。杜克大学2006年发布的研究报告表明,人每天有40%的行为并不是真正由决定促成的,而是出于习惯。"

习惯往往需要时间的沉淀,它是一种长期形成的思维方式以及处世态度,具有重复性和惯性。习惯本身是中性的,无所谓好坏,它的作用在于像车轮一样在无形中拉着人们前进,无论这种前进方式是好是坏,无论这种前进方式是否合理,它都会影响人们的一举一动。而好习惯往往具有正面的、积极的引导作用,坏习惯具有负面的、消极的作用,最终都会导致人们按照某种既定的模式继续下去。

正因为这种引导和推动作用，习惯成了建立、培养和提升意志力的一个重要因素，当一个人觉得自身的意志力非常薄弱，无法支撑自己采取下一步的合理行动时，也许可以借助习惯的力量来引导自己的行动。

在销售工作中，培养习惯非常重要，有些销售员每天坚持走访10个客户；有些销售员每天坚持电话销售50次；有些销售员会坚持在早上6点起床，将店铺打扫得干干净净；有些销售员会在每天的工作结束之后，做销售笔记，了解自己当天的工作情况和心理状态。这些举动和行为都是习惯使然，可以有效提升销售员的工作表现，并强化自身的意志力。它们本身也是从认真负责、精益求精的工作内驱力中发展进化而来的。

那么如何才能将内驱力转化成为习惯呢？

从心理学的角度来分析，想要养成良好的销售习惯，就需要重点把握四个方面的工作，它们分别是触机、惯性行为、奖励和信念。

触机是指那些能够触发个人习惯的原因，时间、场景、人或者物都是比较常见的触机，有的人准时起床、准时上班、准时睡觉，这里的触机就是时间；有的烟民上了公交车

‖ 意志力销售法

就会习惯性地扔掉烟头，这里的触机是道德和制度；有的人进入考场就害怕和哆嗦，习惯性地低头，这是考试失败的场景成了触机。

对于销售人员来说，赴约时非常守时，每天在固定的时间拜访客户，见到顾客就保持微笑，在顾客进店之前就打扫卫生，这些行为都可以找到相应的触机。反过来说，想要培养良好的销售习惯，就可以先找准和培养相应的触机。比如销售人员必须保持良好的服务态度，必须培养良好的服务习惯，那么就需要从生活中挖掘各种触机，如回忆一些因为服务态度良好而赢得顾客认同和赞美的工作片段。又或者因为每天都多跑了两个小时的业务而受到老板夸奖，从而产生了每天下班后加班两个小时的习惯。

惯性行为指的是一种无意识的行为，这些行为往往不为自己知道，自己根本意识不到它们的发生，就像一些销售员会有意无意地迟到，会在和顾客交谈时左顾右盼、心不在焉，或者在跑业务的时候经常抽空玩手机游戏。无论是不好的行为还是好的行为，都是惯性使然，销售员必须引起足够的注意和充分的重视，想办法表现出更多好的销售习惯。

杰克·霍吉这样定义好习惯："永远信守承诺，开会和约会不迟到，从来不忘记回复电话，与同事、客户、家人的沟通更充分一些，总是明确告知他人自己将做什么以及日期安排，快速处理各种琐碎的行政事务，积极倾听，永远不要等到最后一刻才做计划。一经介绍，就永远记住对方的名字。与人交谈时，保持良好的眼神接触。保证每天的饮食健康，定期锻炼身体，少看电视，多看书，常与家人共进晚餐，控制情绪和脾气，至少把每月收入的十分之一用于适合自己的某种投资，定期给家人或朋友打电话或写信。"对于销售员来说，他们要做的往往比这更多，而且他们有一万个理由确保自己保持一些让自己看起来更受欢迎的习惯。

奖励是培养习惯的一个重要动力，相比于触机和惯性行为，奖励更多时候是一种非自觉的行为，它强调的是对个人思维模式、行为模式的纠正和领导。因为人本身具有一定的惰性，具有即时满足的想法，为了让自己看起来更加理性，为了不受到负面思维的影响，就需要对自己进行奖励，每当自己按照要求做好一件事时，就要给予相应的奖励。比如当销售员在下班后坚持整理一天的工作文档，或者在顾客辱骂自己时，保持心平气和的态度，当他们能做到这些事情时，可以允许自己放两天假，或者花一个下午购物来犒劳自己。通过及时的奖励，个人更容易重复和继续之前那些合理的行为。

信念是一种个人的思维模式和价值观念，它是建立个人习惯的内在动力，这种动力具有一定的价值倾向和强烈的目的。比如销售员和商家在销售活动中往往具有一些信仰，有的人之所以愿意做到每天跑的客户比公司规定的还要多一个，就是为了充实自己；有的人在谈判过程中会自觉地降低手机音量，这是出于对顾客尊重的信念。信念还是销售工作中非常重要的精神力量，也是推动习惯形成的不可或缺的要素，那些拥有良好习惯的优秀销售员拥有更为强大的信念，也拥有更高的职业素养。

第八章　锻炼出钢铁般的意志力

绝望时，提醒自己再坚持5分钟

有个经销商在咖啡厅里约见一个潜在的大客户，双方约好了谈一谈合作事宜，对方虽然愿意拿出整个下午的时间来听一听他开出的条件，但明眼人都知道这个客户已经打定主意同第三方合作，他根本就没有想过要改变自己的立场和想法。所以双方谈了几个小时而一直没有任何突破，客户没有承诺给经销商一份合同，也没有表现出任何合作的兴趣。

时间一分一秒地过去，气氛变得越来越尴尬，经销商越来越焦躁不安，他几乎给出了各种优惠条件，但是始终无法说服对方，随着对方不断观察手表，他知道一旦对方喝完午后的咖啡，两个人将再也没有可能像现在这样畅谈了，他的那一批新产品也会砸在自己手中。

通常，在这样的情况下，很多销售员都已经准备放弃了，但是这位经销商还在不断寻找解决问题的方法，还尝试着说服自己，对方又多给了自己5分钟的时间，他告诫自己一定要沉住气，然后利用这5分钟的时间打动对方。幸运的是，他最后真的借助这5分钟的时间说服了对方给自己一次争取正式谈判的机会。

每个人的意志力都有一个界限，但是这个界限实际上是可以扩大的，在感到绝望时给自己多留出5分钟的时间，告诉自己"不妨再多坚持一会儿"，看看自己能否有什么改变和突破，能否实现自己的目标。这就是一种意志力扩大的表现，或者说就是意志力得到增强的一种表现。

据说原通用电气总裁杰克·韦尔奇在商业谈判时，经常会被对手激怒，但是每次当他觉得生意即将告吹时，都会提醒自己应该坚持一会儿，没准事情会有一些变化。戴尔公司曾经对所有市场销售员下达了这样的口号："上班期间搞不定的客户，用加班时间去解决。"据说德国一家公司给每一个销售员制定了特殊的规定，如果当天没能完成销售任务或者对销售结果不满意，员工可以自行选择加班1个小时。令人惊讶的是，每一次都会有没能完成任务的人主动加班，直到任务完成。

第八章 锻炼出钢铁般的意志力

一些出色的销售员在遭遇困境的时候，比如自己的营销方案被上级否决，或者自己一直没有说服客户，或者自己的销售方法一直没有成效，又或者自己一直都被客户拒绝时，往往会表现出一种自我压迫和推动的气势，这种气势来源于自我设定的5分钟计划，即反复告诫自己："无论怎样，先做5分钟试试看。"

坚持5分钟是个人计划的一个重要形式和实用技巧，销售员要做的就是给自己更多的机会和信心，通过5分钟的延长让自己获得更多喘息的机会，让自己争取更多的时间调节身心压力，同时推动自己不断去尝试和执行不同的解决问题的方法。在这种方式的推动下，销售员会意识到自己的恐惧感和挫折感正在弱化，并且在不知不觉中，他们会意识到自己其实能够解决很多问题，也可以坚持得比之前更久一些，直到彻底解决问题或者完成销售目标。

销售工作本身就是一个非常考验耐力、意志力的活动，如果没有十足的经验，没有十足的自控力，人们常常很难在枯燥的工作中坚持下去，因此需要一些额外的督促力量来提醒人们应该怎么做，促使人们继续执行下去。

延长时间是一个比较有效的方法，而坚持5分钟对于多数人来说并不算困难，尤其是对那些成天在外奔波，或者面对客户一聊就是几个小时的销售员来说，坚持5分钟的难度不大，因此多数人实际上是可以坚持下去的。可以说时间并不是问题，主要在于人们可以通过这种延长来锻炼自己的意志。这里涉及一个意志力临界值的概念，即人们觉得自己耐心已经耗尽了，觉得自己已经没有办法再继续与顾客进行沟通了，又或者认为自己已经不想再忍耐这份工作了，这个时候意志力就达到了一个临界值，超过这个临界值就可能会导致个人放弃销售工作。而适当延长时间更像是一种挑战，通过延长时间可以强化人们的意志力，提升意志力临界值，使得人们可以强化自身接受考验的决心。销售员如果能够养成在困难面前再坚持5分钟的习惯，那么必定会对自己的耐心有很大提升，而且还可以提升解决问题的自信心。在锻炼意志力方面，延长时间是最直接简单的方法，通过让销售员面对更长时间的困扰，让销售员延长承受压力的时间。

从某种意义上来说，坚持5分钟更像是一种承诺和有序的计划，人们可以在准备放弃之前给自己留下一个"不可退让"的理由，然后帮助销售员实现从无计划无意识状态走向有计划有意识状态的目的。"再坚持5分钟"有时候并不一定要求人们必须利用这5分钟明确做点儿什么，他们只需要保持"继续"这个动作，然后这个动作就会不断延续下去，出现第二个、第三个5分钟的延长计划,直到人们觉得自己解决了问题。这是一个惯性积累的过程,销售员可以通过这种方式来迫使自己养成"不轻言放弃"的习惯。

给自己设定奖励，激励自己不断进步

心理学家认为一个人能够持续地做一件事情，最根本的原因在于他能够从这件事情中获得有益的反馈，或者更直白地说他必须意识到自己能从这件事中有所回报。做这件事就是一次投资，而投资必须要有相应的报酬。如果他在很长时间都无法获得反馈，那么做事情的热情就会不断减退，支撑他采取行动的动力也会不断消失。不仅如此，如果获得反馈的过程超出了预期的难度，执行者同样很快就会放弃。

按照心理学家的说法，人们的行动受到阻碍和懒惰的特质息息相关，而懒惰的本质就是习惯了非常快速的反馈，他们只对那些很容易做到且很容易获得反馈的事情感兴趣，对于反馈艰难或者反馈周期漫长的事情没有什么兴趣。如果销售工作的反馈周期很长，销售员做了很长时间也没有获得理想的报酬，那么这个时候他就可能会被其他事情吸引，销售活动就会受到影响，甚至半途而废，而多数半途离职的销售员之所以会选择放弃自己的工作，主要原因就在于他们无法忍受自己一直都在做"无用功"。当价值回报迟迟没有兑现的时候，整个活动的信心和意志力就会受到严重的冲击。

在心理学上，有一个著名的现象：如果一个人马上做一件事，可以获得1万元的奖励；如果他愿意延迟两个月再做这件事，就可以获得2万元的奖励。相比之下，人们会如何选择呢？是选择获得2万元的奖励吗？经过调查研究发现，多数人都会选择第一个方案，即立即拿走1万元的奖励。为什么人们会甘愿放弃更多的奖励呢？原因就在于多数人都无法等待长时间的反馈，对他们来说辛苦等待根本不值得，而且未来的情况谁也说不准，倒不如现在就拿走钱。奖励的大小在这里并不起决定性作用，反馈时间的长短才是决定性的因素。

正因为如此，销售员必须想方设法给自己的坚持一些必要的、及时的奖励，通过这种快速的、有价值的反馈增添继续下去的勇气。很多时候，销售员面临巨大的考核压力，毕竟任何一家公司都是按照业绩来提供相应的报酬的，如果做不出成绩，或者出成绩的周期比较长，而且难度非常大，那么公司也会相应地延长支付报酬的时间。这样的反馈让很多销售员受不了。如果能够给自己设定一些必要的奖励，那么就可以弥补公司所提供的激励的不足。

那么该如何进行自我激励呢？最简单的方法就是当完成某项销售任务后，给自己一些奖励，这些奖励可以和物质消费有关，比如做一些平时不舍得去做的事情，买一些自己平时不舍得买的东西，这些都是典型的事后奖励。考虑到有些产品的销售过程比较长，因此人们需要进一步细分自己的销售流程，实行过程奖励的模式，比如销售人员按照上级要求必须卖出去60件产品，那么在卖出30件产品时就可以给自己一些奖励，暂时放松一下，去看一场电影，请自己吃一顿大餐，或者给自己放半天假去逛街购物，这些小小的奖励往往可以给自己带来更大的信心，可以强化自己的工作体验，可以强化自己对于工作的认知以及认可，同时为后半程的销售工作储存能量和意志力。

埃里克是一家保险公司的业务员，他对工作认真负责，而且和其他人一样非常努力，每天都会跑到城市各个角落拉客户，但是和其他业务员不同的是，他看起来更加懂得"享受生活"，在其他人签完一个单子就立即赶往其他地方谈业务时，埃里克会适当选择放松自己，他会找一家咖啡厅好好喝上两杯。许多同事都觉得他在偷懒，但是他的工作效率比其他人都要高，业绩也比其他人都要好，而且在客户面前的耐受力也更强。相比于其他人，他更加喜欢通过即时的一些小奖励来提升信心，通过小奖励来强化对工作的热情。

意志力本身是有限度也是容易被消耗掉的，因此需要及时给予必要的补充，这种补充可以通过一些身心上的满足来获得。在面对奖励的时候，大脑内的多巴胺会大量分泌出来，而过程中的奖励比事后的奖励所刺激的多巴胺分泌要更强一些，使人们获得的愉悦感更为强烈，意志力也会得到及时的补充和强化。

现在许多公司都越来越重视给销售人员颁发过程奖和及时奖，只要员工完成了某些阶段的工作，只要员工在销售过程中有所突破，就会给予必要的奖励，这种过程奖和及时奖极大地激发了员工的积极性。经过调查发现，那些实施过程奖和及时奖的公司，销售员的离职率更低一些，对工作的忠诚度则要更高一些。一些公司虽然制定了年度发展目标，但是当销量有所突破时，也会在内部举办一些简单的庆祝活动，让销售员得到放松的机会。

从某种意义上来说，选择给自己设定一些必要的奖励，往往可以带来一些更为积极的促进作用，可以让销售员获得更大的进步空间。不过在设定相关的奖励时一定要坚持适度原则,要坚持从实际情况出发,不能盲目进行奖励,否则可能就会演变成为一种懒惰的行为。

第八章 锻炼出钢铁般的意志力

注重能量的摄入和机体的锻炼

心理学家罗伊·鲍迈斯特曾经做了一个有趣的心理学实验，他分别邀请三组饥饿的人员解答一些根本无解的题目，并为其中两组人员同时提供了巧克力饼干和萝卜。他要求第一组的人员不能吃饼干只能吃萝卜（即吃萝卜的时候只能看着饼干），第二组可以随便吃饼干和萝卜，而第三组人员则直接开始做题。

饥饿的第一组人员显然受到了饼干的强烈诱惑，但是他们却只能眼睁睁地盯着饼干，一边无奈地啃着萝卜。而另外一个屋子里的第二组成员此时都在快乐地享用着饼干和萝卜。

随后，实验人员让他们到另外一个房间去解答测试题，其实这些测试的题目根本是无解的，这个实验的真实目的是看他们会坚持多久才放弃。

结果出来之后令人非常惊讶，可以随意吃饼干的第二组人员，能够平均坚持20分钟，和第三组直接做题的人员坚持的时间差不多。但是只能吃萝卜的第一组人员，平均坚持了8分钟就放弃了做题目。

罗伊·鲍迈斯特认为第一组测试人员之所以坚持的时间最短，重要原因在于他们在饥饿的时候不得不面对饼干的诱惑，而在抵制这种诱惑（不能吃饼干）的过程中，意志力和能量被慢慢消耗掉，这样一来就没有多余的意志力来解答那些无解的难题了。

这个实验证实了一点，意志力并不是源源不断产生的，每个人的意志力都有一个界限，每个人的意志力都会被一些不被认可的事情消耗掉。这种消耗主要和一种特殊的物质有关，那就是葡萄糖。大脑中的血糖（血液中的葡萄糖）含量往往决定了它的思维水平，一旦血糖含量偏低，大脑就会因为能量不足而失去长期思考的能力。

从某种程度上来说，葡萄糖是活细胞的能量来源和生物主要的供能物质，它具有收集能量的功效，可以帮助大脑迅速补充消耗掉的能量。不仅如此，大脑是一个非常挑剔和精明的组织器官，在选择能量吸收的时候非常严格，因此会对自己的营养套餐以及能量套餐进行审核，其中葡萄糖就是大脑指定的唯一能量来源。

葡萄糖一般可以通过合理的膳食来获取，比如中国人的主食通常是大米和小麦，这些食物可以提供足够的葡萄糖，而像淀粉、动物的肉与内脏、麦芽糖、蔗糖在经过消化之后一样可以转化成人体所需的葡萄糖。除了选择包含有葡萄糖或者能够转化成葡萄糖的食物之外，人们应该养成规律进食的习惯，比如一日三餐要规律，不要打乱进餐的时间点；饮食要做到营养均衡，不能只吃自己喜欢吃的东西，要食用含有各种不同营养的食物，同时要注意主食和辅食的合理搭配。一般来说食谱中应该安排谷物、面食、蛋类、瘦肉、鱼、牛奶、豆类、肝脏、坚果，以及各种蔬菜。

大脑需要食物转化而来的大量葡萄糖来提供能量，但是仅仅依靠食补并不能完全补充能量，因为摄入葡萄糖并不意味着就能够进行有效吸收，而促进吸收的一个有效方法就是提高睡眠的质量，良好的睡眠可以保证身体和大脑对葡萄糖的高效吸收。简单来说，如果一个人休息时间不足，经常会产生失眠的现象，或者由于过度劳累而导致睡眠不足，那么就容易降低葡萄糖的吸收，大脑也就无法获得充足的能量。

在提升意志力方面，睡眠是一项非常重要的内容。许多销售员为了提升自己的销量，常常会夜以继日地工作，想方设法寻找新的销售方法和渠道,但是一个人过度消耗精力,只会让自己的意志力遭到严重削弱。人们通常都需要通过睡眠来缓解身体疲劳、调节身心压力,帮助大脑内部的相关工作区域获得足够的休息,从而实现储存精力和补充能量的目标。

一般来说,销售者应该养成早睡早起的良好习惯,尽量在晚上10点左右入睡,最好不要超过11点,这样就不会对身体造成额外的负担。一些工作强度比较大的销售员应该利用空余时间休息,保持充足的精力。为了保证睡眠质量,还应该营造一个安静的睡眠环境,远离噪音和强光污染,平时也要注意房间的通风和保暖,确保自己可以安静地熟睡。

意志力的补充和培养还需要积极锻炼身体。心理学家发现,经常锻炼身体的人心率比较低,心率变异度(在一定情况下个人的心率与一般情况下的正常心率比变化,是自主神经对心率控制的一种能力)升高,这些人在上下楼梯或者日常的一些体力活动中都可以有效保持慢呼吸和低心率的状态,而那些不锻炼的人上楼梯都会导致呼吸加快,心率加快。之所以会这样,就在于经常锻炼的人,其心肌收缩能力会得到增强,他们心脏的供血和供氧量能得到强化,心率必然就会下降。而斯坦福大学的相关研究表明,当自主控制心率的能力得到提升时，个人的思维更加趋于理性，或者说心率变异度高的人，往往行事更加理性。也就是说，如果一个人能经常锻炼身体，他的意志力会得到强化，遇到事情时就会更容易控制自我，更容易表现出对个人行为的一种有效约束。

一些销售员会发现，自己每天可能都要走访十几个甚至更多的客户，每天可能都要走很多的路跑业务，每天都需要面对各种客户的刁难，每天都需要保持理性和冷静，而一年四季可能都是如此。如果没有强健的体魄，根本吃不消这种高强度、高压力的工作。

事实上，锻炼身体本身就是对个人意志力的一种挑战，毕竟坚持每天锻炼身体是需要强大的意志力和自控力作为支撑的。而且锻炼身体可以及时释放压力，缓解身体疲劳，从而减轻身体的负担。相关调查研究表明，那些出色的销售员往往都保持着良好的健身习惯，他们平均每天都要花费1个小时左右的时间健身，保证自己以最佳的状态见客户。

总而言之，销售本身就是一个压力比较大的职业，需要强大的意志力作为保障，而提升意志力的简单方法就是吃好、睡好，经常锻炼，这是维持销售活动正常展开并确保销售工作更加轻松、顺利的重要基础。

后记　不要试图去改变客户和消费者

在整个销售活动中，意志力往往可以让销售员专注做自己和做自己的工作，而不会受到外在压力的干扰，从某种意义上来说，意志力是确保销售员保持计划与行动一致性的关键因素，尤其是当销售员身处逆境的时候，这种一致性会带来更为明显的优势。

不过在销售员试图让自己坚持某一种销售风格、趋势或者某个目标的时候，并不意味着要依靠意志力来改变他人的思维和行动，尤其是改变他人的消费习惯。"我会向他们推销我的产品""我会让他们接受我的产品"，这些与"我要让他们改变消费习惯，只接受我的产品"是两码事。让他人接受自己的产品和服务，并不意味着要让他人迁就或者屈从于自己的产品和服务，坚持自我并不意味着要去改变他人，

后记　不要试图去改变客户和消费者

要去改变客户和消费者的消费习惯。

很多销售员会将销售活动当成改变他人消费模式的一种行为，这样做往往过于主观，容易对整个销售活动产生负面影响。一个出色的销售员懂得尊重客户的消费心理、消费习惯以及消费模式，销售员的根本任务就是推销消费者认可并需要的产品，而不是要求客户迎合产品来做出改变。

IBM曾经是世界上最出色的科技公司，也是伟大的公司，在巅峰期，凭借着殷实的技术和资金，凭借着出色的创新能力和良好的企业文化，它在市场上几乎占据了垄断地位，在业内被称为"蓝色巨人"。可是进入2000年之后，人们慢慢意识到这个巨人正面临巨大的销售问题，而根源就在于IBM过于自我的发展模式。

通常来说，公司在发展新技术和新产品时，会想办法迎合市场需求来进行技术创新，会确保自己的产品可以迎合消费大众的需求，因此公司会安排销售员进行市场考察，尽可能地收集客户和消费者的意见和建议，掌握大众需求与大众消费习惯，然后有针对性地研发产品。IBM却没有这样做，这个在长时间内一直高高在上的巨无霸对于新技术异常痴迷，并且不计后果地研发新技术和新产品，可是却没有想过将创新与实践相结合。随着IBM在技术研发方面投入越来越多，人们发现这些技术虽然很超前，可是并没有太大的市场，换句话说，很多技术仅仅是理论上非常出色而已，在现实生活中并没有赢得消费者的信赖。

尽管它的发展理念令人惊叹，始终坚持做自己的产品，并且期待着市场对这些产品做出积极的回应，但是由于脱离了市场的需求，相关的研发工作进入了一个与现实脱节的状态。IBM每年都要耗费大量的资金用于创新和新技术研发，而且生产出了很多技术前卫的产品，这些产品无论是技术含量还是性能都非常出色，而且领先市场同类型的产品。可是大量的投入并没有换来经济效益，数十亿上百亿美元的投入并没有被市场接纳，甚至可以说IBM的相关技术和产品根本就没有任何市场。可即便如此，公司内从上到下都沉浸在对新技术的追求之中，都沉浸在"引领全球技术"的崇高目标当中，大家认为只要自己的产品技术先进就一定可以吸引消费者的关注，就可以改变当前的消费理念、消费模式以及消费格局。正是因为如此，IBM渐渐被自己过于主观的创新思维拖累了。

同样的情况还发生在美国铱星公司身上，铱星公司曾经是世界上最具潜力的科技公司，很多人都坚信它有朝一日会成为整个世界的引领者，在20世纪80年代的时候，这家公司

后记　不要试图去改变客户和消费者

的技术发展水平超越了很多大规模的科技公司，而且它还拥有非常远大的战略构想和一系列惊人的规划，这些规划一旦成为现实，世界将会发生巨大的改变。但是铱星公司的高层明显缺乏耐性，他们对自身发展的规划缺乏一个合理的推进过程，而是想一步登天，想依靠强大的技术来征服所有的消费者，从而改变人们的手机消费模式，这无疑带来了巨大的风险。

1987年，铱星公司高层突然决定实施一个近于梦幻的商业计划——用77颗（后来减少为66颗）低轨卫星组成覆盖全球的通信网，从而在全球范围内建立完善的通信体系。高层的想法很简单，当公司组建了数量庞大的卫星通信网络后，就可以推出自己的全球通信业务，并通过这种强大的技术来垄断全球通信市场。

这是一个非常惊人的计划，但问题在于当时并没有多少顾客需要这项业务，他们也消费不起这项手机业务。而且没有任何一家公司具备这样的实力，世界上也没有多少国家具备发射和控制这么多卫星的能力。对铱星公司来说，这个计划和目标难以实现，毕竟成本压力太大，技术上也不那么成熟。但是高层已经彻底陷入疯狂的状态，他们失去了继续等待的兴趣，失去了慢慢同其他竞争对手争夺市场的耐心。当野心无法受到意志力的控制时,整个公司便陷入冲动之中。

很快公司就开会通过了这个计划,并且贷款了一大笔资金,最终以50亿美金的巨额投资实施先期计划,后期的投入更像是一个无底洞。高昂的成本必然会提升产品的价格,动辄上万元的服务费用令顾客望而却步,这项业务注定无法打开市场。当销售工作陷入停滞时,公司立即陷入困境,不仅无法维持正常运营,而且连高额的贷款也偿还不起,最终只能宣布破产。就这样,一家潜力无限的新兴科技公司因为对目标缺乏足够清醒的认识,由于没有迎合市场的切实需求,最终导致自身走向了毁灭。

许多销售团队在培训员工的时候经常会提到一点:"改变他人。"它们会将"改变他人"作为一个重要的准则来执行,但这种准则无疑会冒犯他人的利益,会让消费者觉得自己没有获得足够的尊重。当一个团队或者个人在销售工作中以个人的产品和服务为准则时,整个销售活动就会陷入一种自我状态,人们会觉得消费者应该购买自己的产品,会觉得自己的产品没有理由被拒绝,会觉得自己的服务应该被认同和接受。这个时候,市场的供求关系就会紊乱,比如生产鞋子的人不会按照消费者的喜好和消费趋势来生产鞋子,而是生产出鞋子,让消费者来接受鞋子的风格。

后记 不要试图去改变客户和消费者

一个卖饮料的人不要总是想着"我要改变人们的饮食习惯,我要让他们彻底戒除酒精";一个卖奢侈品的不要总是想着如何改变他人的消费习惯,让别人成为奢侈品的消费者;一个出售某品牌电子产品的人不要试图将其他品牌贬得一无是处,让对方的消费者成为自己的消费者。好的销售员永远懂得为客户提供更多的选择,永远懂得如何让客户有更大的选择空间,而不是采取强势攻击和排挤的态势,去改变别人,毕竟,一个人的消费习惯、消费模式往往很难在短时间内改变。

在意大利,早期的裁缝都具有生产西服的主动权,由于裁缝比较少,而西服的需求量比较大,因此裁缝只需要生产出自己喜欢的款式就行了,顾客会亲自上门选择衣服,他们只能在仅有的几种款式中挑选自己适合的。但是阿玛尼改变了这种销售风格,他率先做出改变,让进入店面的顾客自己提出服装设计的要求,消费者可以自己给出一个设计方案。这种变革一开始并不为人接受,但是顾客最终意识到自己可以设计出最喜欢的款式,因此阿玛尼西服很快风靡整个意大利,并顺利进军国际市场。

很多时候,商家、企业或者销售员会过分看重"定位"这个词。定位是一个比较有效的商业方法论,在很多时候可以帮助企业和商家更好地指明前进的方向，可以更好地帮助企业保持一个合理的发展方向。但是许多企业和商家因此将"定位"当成一个成功发展的保障，认为只有好的定位才能拓展销路，这样的想法常常使得它们在运营和销售工作中陷入"过于自我"的危险境地。事实上，定位的运用更多时候适用于传统的工业时代，随着信息技术和互联网技术的快速发展，有关定位的说法在如今的社会正失去原有的魔力，至少商家不应该再将其当成一个最重要的运营因素来对待。主动去迎合市场需求，主动去挖掘市场需求，然后有针对性地对自己的销售工作进行调整，这才是取得成功的关键。

一些销售员会觉得自己应该表现出充分的自信，坚信自己的产品会被消费者认可和接受，坚信自己用不着去做出任何改变，这种自信从某些方面来说具有一定的合理性，但是在销售活动中往往需要关注供求关系的正常与否，如果供货的一方总是忽略市场的真实需求，那么整个供应链迟早会出现问题。

事实上，那些致力于坚持按照自己的原则和想法行事的销售员往往显得比较固执、自大，而这并不是意志力的体现。意志力所展示出来的影响力是温和的，具有迎合性和包容性，而不是主观意识形态上表现出来的攻击性和强制性。

真正优秀的销售员会不断观察和挖掘客户的需求，会不断通过努力来找到一个价值点来迎合顾客的消费理念，他们总是试图了解和尊重客户的想法，然后从中找到共同点以及合适的切入点。

从更深层的原因来看，意志力代表了一种对欲望、野心的控制，代表了一种强大的自我约束能力，意志力强大的销售员不会将销售当成一种万能输出手段，他们知道自己该做什么，不该做什么，能够对自己的行为进行合理的评估和分析，能够更加清醒地认识自我，确保自身的所有行动约束在一个合理的行动框架内，而不是放任自我，盲目冲动地追求更高的目标。

图书在版编目（CIP）数据

意志力销售法 / 杨朝福著. —北京：台海出版社，2019.4

ISBN 978-7-5168-1803-9

Ⅰ.①意… Ⅱ.①杨… Ⅲ.①销售－方法 Ⅳ.①F713.3

中国版本图书馆CIP数据核字（2019）第044033号

意志力销售法

著　　者：杨朝福	
责任编辑：俞滟荣　曹任云	装帧设计：末末美书
版式设计：许　可	责任印制：蔡　旭

出版发行：台海出版社
地　　址：北京市东城区景山东街20号　　邮政编码：100009
电　　话：010-64041652（发行，邮购）
传　　真：010-84045799（总编室）
网　　址：www.taimeng.org.cn/thcbs/default.htm
E-mail：thcbs@126.com

经　　销：全国各地新华书店
印　　刷：环球东方（北京）印务有限公司
本书如有破损、缺页、装订错误，请与本社联系调换

开　　本：880mm×1230mm	1/32
字　　数：145千字	印　张：8.5
版　　次：2019年5月第1版	印　次：2019年5月第1次印刷
书　　号：ISBN 978-7-5168-1803-9	

定　　价：42.00元

版权所有　翻印必究